JN087132

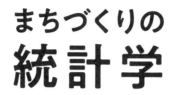

まちづくりの統計学

政策づくりのための
データの見方・使い方

宇都宮浄人・多田 実 編著

芦谷恒憲・髙橋愛典
大内秀二郎・曽田英夫
大井達雄・足立基浩
長谷川普一 著

学芸出版社

はじめに

　今日、ひらがなの「まちづくり」という言葉が広く使われている。専門家の間では、1980年代以降、少しずつ使われるようになったが、都市計画の論文などをみても、この言葉が広まったのは、1990年代後半以降とみることができる。*¹ つまり、日本が右肩上がりの時代を終えて以降である。2015年に国連総会で採択されたSDGs（Sustainable Development Goals：持続可能な開発目標）では、「住み続けられるまちづくりを」が17の目標の一つとして掲げられた。

　「まちづくり」といった場合、かつての行政主導に代わり、一般市民が参加して行うイメージが強い。実践的に「まちづくり」に携わる人は増えており、関連の書籍も多い。そうした新鮮な感覚が広がってから、早20年が経過している。にもかかわらず、「まちづくり」の定義は明確ではない。SDGs目標にある「住み続けられるまちづくりを」の原文の直訳は「持続可能な都市とコミュニティ（Sustainable Cities and Communities）」である。コミュニティの創生という意味合いが「まちづくり」に含まれているといっていい。さらにまちづくりのアプローチも、「観光まちづくり」、「健康まちづくり」、「交通まちづくり」、「防災まちづくり」など多様化している。高度経済成長期やバブル期の都市計画のように、道路や建物を作るというだけではなく、にぎわいの創出、クオリティ・オブ・

ライフ（QOL）の向上、ボランティアによる支え合いなど、その成果が捉えにくい事象も含まれる。

このような「まちづくり」は、データ化された統計を数理的に加工し、分析する統計学のイメージとは、一見相容れない。実際、課題は多い。しかし、ビッグデータに象徴されるように、昨今の技術革新は、統計を取り巻く環境も大きく変化させている。以前であれば、統計として把握できなかった事象も把握できるようになった。データの加工もパソコンの簡単な操作で済む。GIS（地理情報システム）を用いれば、地図上の可視化もできる。今では、数値だけでなくテキストデータも容易に分析できる。統計データを有効に使うことで、より良い「まちづくり」を実践できる可能性がある。

もっとも、そうした技術革新によって、誰でも簡単に統計を利用できるだけに、統計の使い方を間違うと、大きく判断を誤らせるリスクも抱えている。その意味では、統計の本質を知らなければ、「まちづくり」はできないともいえる。

さらに、今日では、「エビデンスを重視する政策形成（EBPM：Evidence-based Policy Making）」が求められ、そうした観点からも統計が一段と注目を集めている。ただし、これも単に数値があればエビデンスというわけで

はない。統計の意味と限界を知って初めて、統計をエビデンスとして適切に使うことができる。

　そこで本書では、まちづくりに関わる統計の基礎を押さえ、正しい使い方を学ぶための整理を行う。しかし、それだけではなく、異なる分野の統計の専門家によって、「まちづくり」という多様でとらえどころのない課題に、複眼的なアプローチを試みる。もちろん、本書を読むだけで、「まちづくり」ができるわけではないが、読者は、そうした多様なアプローチから、自分たちのまちづくりの課題と、その対応方法の一端を学ぶことができる。少なくとも、著者たちの思いはそこにある。

　本書は次のような構成である。まず、第Ⅰ部では、まちづくりと統計の関係について、我々の問題設定と概要を述べる。そのうえで、第Ⅱ部では、まちづくりに関する統計の基本的な使用法を解説する。そして、第Ⅲ部では、まちづくりに関する多様なトピックについて、統計を用いて何が言えるのか、何が課題なのか、具体的な例を用いながら、議論を行う。

　本書によって、読者が、「まちづくり」に関心を持ち、さらに、多様で捉えにくい課題に立ち向かう統計そのものにも興味を抱いてもらえれば幸いである。

宇都宮浄人

---

*1　タイトルに「まちづくり」を含む雑誌記事を、国立国会図書館の『都市計画学会論文集』で検索すると、1988年から2015年までで173件検索結果が出るが、そのうち149件は1995年以降の記事である。

Contents

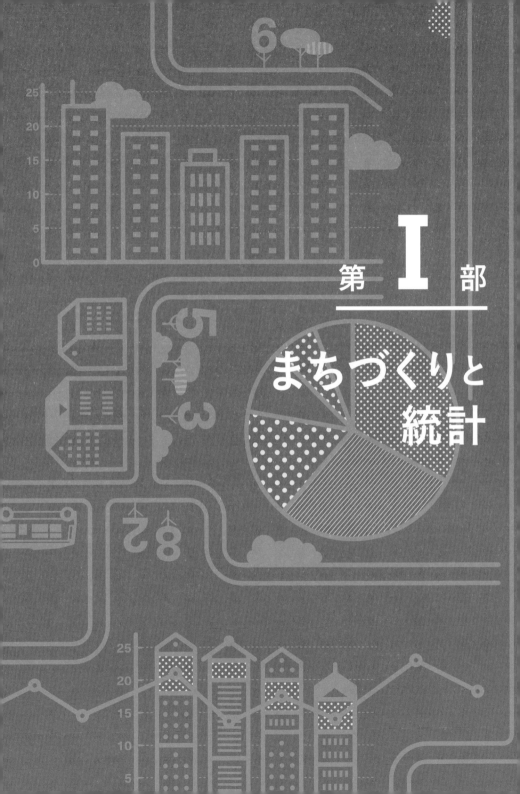

第 **I** 部

まちづくりと
統計

第1章

まちづくりは
統計抜きに語れない

宇都宮浄人
Utsunomiya Kiyohito

1 | 統計の役割

　まちづくりに限らず、何らかの行動を起こす場合に、統計が重要であることは強調するまでもない。とりわけ、まちや地域など多くの人が関わる事業や政策を実施するうえでは、しっかりとした統計が欠かせない。まずもって、統計の機能的な役割を簡単にみておこう。大きく3点に整理できる。

　まず、第1は、事実関係の把握である。総務省統計局は、統計の意義・役割として「経済社会を映し出す『鏡』」[*1] という言葉を用いている。自分たちが置かれている複雑な現実を、自分自身からもよく見えるように客観的に映し出すものが統計だという捉え方である。まちづくりのように、幅広い利害関係者を巻き込む事業や政策を行う場合、国、県、市町村、企業、住民など、多様な主体、人々からなる集団を扱うことになる。そうなると、対象となる集団を把握するために、何らかの手法で集団を表現し、可視化しなければいけない。

　集団を表現する典型的な手法は、平均値をみることである。分散などのデータも含め、集団の分布を把握することは、統計学の第一歩である。また、個々のデータをプロットしてグラフ等の形状で表現することもできる。とりわけ、昨今ではビッグデータを無理に加工せず、膨大なデータの塊として地図上に表示することもある。

　ただし、集団の特徴を把握するためには、平均値や分散、グラフを
じっとみているだけでは、何もできない。それらの統計データを、他の
統計データと比較することで、特徴や課題を把握する必要がある。比較
にあたっては、大きくは 2 つの軸がある。1 つは過去など時点間の比較
で、統計としては、時系列データと呼ばれる。もう一方は、同一時点に
おける他の国や地域などとの比較で、クロスセクション（横断面）データ
と呼ばれる。クロスセクションの取り方も、例えば都市や地域という範
囲を大きな範囲でみるか、小さな範囲でみるか、さまざまな視角を取る
ことができる。我々は、統計データを時系列方向とクロスセクション方
向にプールしながら、縦横から現時点での姿を吟味し、その特徴を拾い
上げ、事実関係を客観的に把握することができるのである。

　第 2 は、将来の予測である。現時点の事実関係が、先行きどのような
ことになるのか。このことを予測して初めて、我々は事業計画や政策を
検討し、それらがもたらす効果や影響を考えることができる。そして、
最終的に事業計画や政策の実施を判断する。むろん、予測である以上、
実際に生じる結果が予測値と一致する保証はない。けれども、予測がど
の程度確からしいのか、単に予測値を計測するのではなく、そうした予
測値の精度も含め、情報を提供するのが統計である。我々は、ともする
と予測の数値を目にすると、その一つの数字だけに注目しがちだが、統
計が語る予測値をみる場合、その予測値が起こりうる範囲を確認するこ
とも重要である。

　第 3 は、事業や政策の事後的な評価である。特に広く社会や生活に影
響する事業や政策を実施した場合、その評価が欠かせない。当初予測し
ていたものと事実関係が乖離した場合、具体的に実行された事業や政策
の内容をチェックし、さらには結果が生じるに至った過程のさまざまな
状況変化も把握する必要がある。行政マネジメント、PDCA サイクルと
いったやり方が一般化しているが、統計なしではこうした作業は行い得
ない。事後評価を経て、改めて今後の課題が浮き彫りになり、次の政策
決定につながる。EBPM（エビデンスを重視する政策形成）にも、統計は必須

なのである。

　以上のような統計の役割は、あまりにも当然のことであり、今ここで改めて強調する問題ではないのかもしれない。けれども、まちづくりに統計を活用するにあたっては、まず、統計の役割を整理し、そのうえで、まちづくりという課題に対して、そうした統計の役割がどのように発揮されるのか、統計にはどのような限界があるのかを、今日的な視点から考えなければならない。

2 ｜ まちづくりとは何か

　「はじめに」でも述べたとおり、まちづくりという言葉は、比較的新しい言葉であり、今もって、まちづくりとは何かという点に、あいまいな感じがある。ここでは、まちづくりの定義を議論するつもりはないし、その意味も小さいが、都市計画という法律的、行政的な言葉と対比することはできる。西村（2007）は、「まちづくりと日本型都市計画のアプローチの違い」という興味深い整理をしている（**表1**）。個々の語句の使い方に賛否があろうが、まちづくりというものは、「固有で個性的、境界が曖昧」という記述がある。そもそも、まちづくりは本質的に、境界が明快なものではないと言える。

　そうした曖昧さを残しつつも、日本の経済社会は、都市計画からまちづくりの時代に軸足が移っているといってもいい。都市計画からまちづくりの時代を象徴する事象、キーワードとして、最も重要な文言は、持続可能性であろう。SDGsの目標の一つとして、「住み続けられるまちづくりを」とあることは、「はじめに」でも述べた。

　ただし、SDGsには17の目標があることからもわかるとおり、「持続可能性」という文言の射程範囲も広い。そこで、筆者なりに、都市計画からまちづくりの時代に向けたキーワードを整理すると、例えば、**表2**のようになる。

　まず、人口にせよ経済成長にせよ、右肩上がりの時代が終焉したという

表1 まちづくりと日本型都市計画のアプローチの違い

まちづくり	日本型都市計画
住民によるガバナンス	法によるガバナンス
活動基盤としてのコミュニティ	法治の対象としてのアトム化した個々人
性善説に立つ運動	性悪説に立つ管理
アマチュアリズム、ボランタリズム	プロフェッショナリズム
ヨコツナギの地域中心主義	タテワリの専門領域中心主義
ボトムアップ	トップダウン
規範と合意	規制と強制
慣習法的	成文法的
創意工夫	前例踏襲
透明で裁量的	公平で平等的
プロセス中心で柔軟	アウトプット中心で剛直
開放的	閉鎖的
最高レベルを目指す	最低レベルを保証する
固有で個性的、境界が曖昧	標準的で画一的、境界が明快
総合的アプローチ	分析的アプローチ
変化を起こすように機能	変化が起きるときに機能
住民主体	住民参加

出典：西村（2007）

表2 都市計画からまちづくりの時代に向けたキーワード

全体像を示すキーワード	まちづくりにおけるキーワード
右肩上がりの終焉	高齢化、子育て、健康
国際化	都市間競争、ツーリズム、
地域化	文化、創造都市、ソーシャルキャピタル
環境問題	脱炭素、持続可能性、コンパクトシティ
多様化	ユニバーサルデザイン、ダイバーシティ

ことである。これは、従来の都市計画の主たる項目であった道路の建設、住宅団地の開発、工業団地の誘致が相対的に小さくなり、一方で、高齢化、女性の社会参加などにより、従来とは異なる社会施設やアプローチが必要になっていることを意味する。バリアフリー化も都市の一つの課題であるが、そうなると新たな施設よりも、むしろ既存の施設の改良が主な事業となる。量より質、つまり、クオリティ・オブ・ライフ（QOL）が問われる時代である。

　構造変化という点では、国際化（グローバリゼーション）の中で、都市をめぐる環境が大きく変化していることも周知のとおりである。都市間競争といった言葉も使われるようになり、SNS（ソーシャル・ネットワーキング・サービス）で、簡単に評価される時代になった。ただ、この場合も、国際競争力を高めるのは、工場の誘致数ではなく、いかにその都市を魅力的なものにして、観光客やビジネスを引き付けるかという方向に重点が移っている。工業出荷額などの量ではなく、居住性や交通手段のクオリティが求められる。また、観光も、いわゆる名所旧跡巡りではなく、まちや地域が日常を離れた旅と体験をいかに提供できるかという点がより重要になっており、今日では、ツーリズムの振興として議論されるようになっている。

　そうした国際化と並行している構造変化が地域化（ローカリゼーション）である。都市や地域の魅力は、決して一様ではない。グローカルといった言葉もしばしば語られるが、今では、さらに小さな単位のコミュニティ・レベルで、国際的な発信力のあるまちづくりが必要になっている。SDGs の目標、「住み続けられるまちづくり」には、都市と並んでコミュニティが明記されている。国全体として一定の生活水準が整った今、住む人にとっても、外来の人にとっても魅力的なまちになるためには、西村の言葉を借りれば、行政が「最低限のレベルを保証」するレベルから、住民が主体となって「最高レベル」を目指す必要が出ているからである。そうした中で、海外の都市で力をいれているのは文化である。日本でも創造都市といった形で、まちづくりを行う都市も現れている。また、コ

ミュニティ・レベルで社会や経済のクオリティを支えるインフラとして、ソーシャル・キャピタルも昨今注目されている。日本語では、社会関係資本と翻訳され、道路や港湾などのハードの社会資本ではなく、緩やかな人間関係が基本となる概念である。さらに、ソーシャル・キャピタルの形成にはその地域の教育環境も影響する。

　まちや地域の魅力の一つのポイントが環境である。環境問題は、高度経済成長期の公害に端を発し、その後は地球温暖化など、より大きな問題となって、我々の前に立ちはだかっている。実際、緑地保全や公園整備など、従来の都市計画においても、環境には相応の配慮がなされてきた。しかし、今日のまちづくりでは、それだけではなく、例えば、自家用車から公共交通、自転車、徒歩など移動手段の変更なども課題となっている。とりわけカーボンニュートラルの脱炭素社会は、今や地球全体の目標となっている。そうなると、自動車の渋滞を緩和する都市計画ではなく、自動車を少なくとも都心部からは排除するといった新たな施策が必要になる。また、環境面と都市財政の効率化という両面から、かつてのような都市の面的発展ではなく、ある程度都市機能を集約し、公共交通を軸とした都市をめざすコンパクトシティといった戦略が重視されるようになっている。街のコンパクト化は、中心市街地の活性化や買物弱者対策にもつながる。

　そして、近年重視されるようになったキーワードが、多様化である。小林（2008）の言葉でいえば、計画そのものが、従来の行政のトップダウン型の「ヒエラルキー・ソリューション・メカニズム」から、市場を活用した「マーケット・ソリューション・メカニズム」、地域やコミュニティが中心となった「コミュニティ・ソリューション・メカニズム」の組み合わせとなり、多様化が進んでいる。しかも、計画の多様化に止まらず、価値観も多様化しており、まちづくりは、そうした多様な市民が抱く希望や課題に対応しなければならない。そのため、合意形成やそのプロセスが一段と重要になると、統計の役割も大きくなる。誰もが差別なく社会参加でき、公平にさまざまな施設にアクセスできるユニバーサ

ルデザインといったことが、まちづくりの一つの課題になる。また、多様性を維持し、活かしたダイバーシティという考え方も必要になっている。まちづくりは、西村（2007）の言う「固有で個性的、境界が曖昧」という本質を抱えつつ、それぞれの都市や地域、コミュニティで、行政と住民、さらには企業なども含めた関係者が協働し、模索していくものなのである。

---

3 | なぜ今、まちづくりの統計なのか

　以上のようなまちづくりの特徴は、「はじめに」でも述べたとおり、一見、統計の得意とするところとは言えない。先に述べた統計の役割と照らし合わせると、そもそも、「固有で個性的」な集団は、統計学の用語では、非常に分散が大きく、事実関係が把握しにくい。量ではなく、質となると、統計的な把握がさらに難しくなる。その結果、そもそも事実関係が測定できないケースも現れる。例えば、都市において、工業生産額（製造品出荷額等）や商業の売上（年間販売額）に着目するだけであれば、話は容易で、既存のデータもあり、公的に統計も整備されている。しかし、昨今のまちづくりが取り組もうとする課題は、そうした単純なものだけではない。にぎわいを持ちたい。子育てがしやすい。空気が美味しい。当然、まちづくりの意味合いが多様であれば、結果の評価も難しい。街が賑わっていると思う人もあれば、混雑していると感じる人もいる。保育園が足りないという人もいれば、保育園がうるさいという人もいる。自家用車での移動が便利になったという人がいれば、歩行しにくくなったという人もいる。

　それでは、なぜ、今まちづくりの統計なのであろうか。一言でいえば、統計的な把握が単純に行かないからこそ、統計の使い方が重要になっているのである。ここにも、昨今の統計を取り巻く変化に照らして、いくつかの重要な論点がある。

　まず、第1に昨今の技術革新により、統計を上手に使いこなすことで、

従来は把握が難しかった事象を、ある程度統計的に把握できるようになったということである。とりわけビッグデータと呼ばれる大量のデータ蓄積により、かなり細かいレベルでの統計的な把握が可能になり、分析もできる。スマートフォンの普及により、GPS情報やWi-Fiセンサーを用いた民間データも活用できる。本書では、インターネットを通じて利用が可能な小地域統計、GISの活用など、個別性が高まった地域の実情を、さらに細かく統計的に把握する手法や技術にも頁を割いている。

第2には、そうした技術革新で誰でも統計が使える時代だからこそ、統計の使い方に注意しなければならないということである。標本にバイアスはないのか。どの程度の誤差があり得るのか。季節性や標本変更による段差など、データのくせを見落としていないか。短期的な変動によって基調的な動きを見誤っていないか。特に、小地域統計になるほど、標本数が少なくなり、不規則な変動が多くなるため、データの扱いには注意が必要となる。我々は、そうした統計の使い方の基本について、今一度確認しておく必要がある。

第3は、まちづくり活動や施策の、透明性（トランスペアレンシー）や説明責任（アカウンタビリティ）が従来以上に求められているということである。透明性や説明責任そのものは、従前も重要な要素ではあったが、再び西村（2007）の整理を使えば、まちづくりは、都市計画の時代における「法によるガバナンス」というよりも、「住民によるガバナンス」が基本的なアプローチとされる。言い換えれば、住民の関心を引き付け、住民の間に一定の合意が形成されていなければ、物事は進まない。その際に、統計は一つの拠り所となる。

第4は、統計は、そうした拠り所になる一方で、統計は決して万能ではないということである。利用できる統計でもって何らかの事象を説明しても、全体像を示していない可能性がある。とりわけ質的なデータになると、現時点の統計では、依然として限られた情報しか含まれてない。「鏡」は限られた範囲しか映さず、しかも、「鏡」の持ち方次第で、映しだされる像は変わる。にもかかわらず、限られた統計をもって、透明な

「客観的」な事実であり、説明ができると思い込んでしまうと、それに基づく行動、施策も誤った方向に行ってしまう。データはあくまで一つの情報であるという「データ・インフォームド」な意思決定が求められる。統計の限界を知ることで、ヒアリングや現地調査といった統計データの処理とは異なる情報収集作業も明確に位置付けられる。とりわけ、行政はつねに市民のニーズをくみ取り、また、外部の専門家の意見もとりこみながら、まちづくりを支えなければいけない。まちづくりは、行政、市民、その他多くの関係者の活動を総合することでできあがるといえる。

　第5は、上記のような正しい統計の使い方をするための前提として、何のために統計を使うのかということを、我々は意識しなければならない時代だということである。従来の都市計画であれば、都市の成長を語る統計、道路などのインフラの量を示す統計、労働市場や住民の所得の不平等といった社会の問題を示す統計データなど、さまざまな「定番」ともいえる指標を、確認することが主であった。けれども、多様な目標を持つまちづくりでは、何を目的にするかをはっきりさせないと、利用する統計を絞り込み、分析手法を宛てがうこともできない。ビッグデータの時代、統計分析を行う人に対し、「データがこれだけあるので、何か分析できませんか」という問いかけをする人がいるという。統計分析の専門家は、行政マンや企業に成り代わって、何らかのアドバイスをすることはできるだろうが、本来は、日々の経済活動や社会生活の中で感じる問題意識をテーマに、何をしたいかを考え、それに対し、事実関係を把握し、予測するために統計を使うというのが基本である。

　第6点目は、やや異なる角度の議論ではあるが、技術革新に伴うさまざまなデータが利用可能になった時代であるにもかかわらず、一方で、統計作成そのものが危機にある時代ということを、指摘しなければいけない。プライバシー保護、報告者負担の軽減、公的統計における実査の人員不足、2020年の国勢調査では感染症対策も問題になるなど、以前にも増して、統計作成が実務的に難しくなっている。とりわけ、国勢調査

の回答率が急速に低下していることは、統計作成の危機を象徴する事例である。事実関係を悉皆的に把握することで各種標本統計の母集団情報ともなる国勢調査は統計の基本であるが、それが揺らいでいるのである。国勢調査以外になると、財政緊縮などから、統計調査が十分に行われなくなっているケースが実際に現れている。また、役所によっては、せっかくの統計を広く開示することなく、抱え込んでいるケースもある。行政内で縦割りに保管されているデータを共有したり、民間データを活用したりすることにより、統計の作成や開示にかかる問題を解決する道もある。我々は、まちづくりにとって統計がいかに重要かを再認識し、そのための方法も考え、提案していく必要があるのである。

*1 総務省統計局ホームページ

参考文献
◉西村幸夫編 (2007)『まちづくり学―アイディアから実現までのプロセス―』朝倉書店
◉小林重敬 (2008)『都市計画はどう変わるか―マーケットとコミュニティの葛藤を超えて』学芸出版社
◉総務省統計局統計資料館ホームページ「総務省統計局統計資料館ホームページ」
  (http://www.stat.go.jp/library/shiryo/guide/hanashi3.htm)

第2章

まちづくりに関わる統計

宇都宮浄人
Utsunomiya Kiyohito

　本章では、まちづくりに関わる統計を概観する。まず、最初に基礎的な統計を押さえるが、全体の構成は、役所の縦割りに沿った形で個々の統計を整理するという形にはしない。以下では、いかなるまちづくりにおいても必要となる基本的な統計を、人口と経済関連について解説した後、2節以下では、前章で述べたまちづくりのキーワードを意識しつつ、成熟社会、国際化・地域化、環境・交通、多様化という形でまちづくりのテーマを5つに絞って、それぞれの施策や事業単位で関連する公的な統計を見ていきたい。

　なお、本章では基礎的なものということで、全国ベースで比較可能な形で公表されている政府統計を中心にみていくが、各統計に関して、それぞれの地域や都市の単位で別途集計値を公表したり、独自調査を行ったりしている場合もある。また、直面する課題に対して、その時々で集計する統計もある。実際にまちづくりを考える上では、各地域・都市で関連する統計がないか確認するという作業が必要であることは言うまでもない。民間団体も含め、さまざまな分野の統計を時系列でとりまとめた総務省統計局ホームページ掲載の「日本の長期統計系列」に掲載された統計を手掛かりに、各地域で当たってみるということも、まちづくりの統計を探る一つのアプローチであろう。また、基礎的な統計を地域分析用にまとめた RESAS（地域経済分析システム）を用いれば、簡単に分析もできる。

1 | 人口・経済に関する基本統計

　まちづくりの目的は多様であるが、まずは、行政による都市計画を一つのベースとして考えることができる。都市計画の策定は、都市計画法に基づき、各市町村は市町村マスタープランを、また、都道府県は都市計画区域マスタープランを定めることになっており、同法では、そのための基礎統計を収集するために、都市計画基礎調査を行うことも定めている。もっとも、都市計画基礎調査は、そこで新たなデータを収集し統計を作成するというよりも、既存の統計や資料を収集するということに主眼が置かれており、必要に応じて、統計調査を行うということなっている。都市計画基礎調査のデータの収集項目は、**表 1** のとおり、①人口、②産業、③土地利用、④建物、⑤都市施設、⑥交通、⑦地価、⑧自然的環境、⑨災害、⑩その他（景観・歴史資源等）という分類になっており、それら項目に沿って基礎データの収集が行われる。いわば、まちづくりの基本となる統計である（**表1**）。

　都市計画基礎調査においても、産業という項目は、人口の次に来ている。第 1 章で述べたとおり、右肩上がりの時代に見られた経済活性化だけがまちづくりの目標ではないが、経済活動が市民生活の基本的な活動の一つであることには変わりない。十分に働く場所がない、所得分配が不平等といった状態では、まちづくりのあり方も変わる。逆に、新たな施策で、経済状態がどのように変化するかは、多くの市民が知りたい項目である。

　そこで、都市計画基礎調査や、そこには含まれないが、経済活動を見る上での基礎となる構造統計（静態統計）、動態統計を整理したものが、**表 2** である。構造統計とは、ある時点の状態を詳細に調査するもので、通常 1 年またはそれ以上の周期で調査される。また、調査内容が詳細であるため、結果が利用できるようになるまでには一定の時間がかかる。これに対し、動態統計は、四半期や月次等で把握して、変動の把握に重点が置かれた統計で、速報性も高い。以下では、まず基礎の基礎になる人

表1　都市計画基礎調査のデータ項目と収集方法

分類	データ項目	収集方法（基礎統計等）
人口	人口規模	国勢調査
	DID	国勢調査
	将来人口	日本の地域別将来推計人口〔国立社会保障・人口問題研究所〕
	人口増減	出生数及び死亡数は人口動態調査統計から、転入者数・転出者数は住民基本台帳人口移動報告からそれぞれ収集
	通勤・通学移動	国勢調査
	昼間人口	国勢調査、経済センサス―基礎調査、学校ごとの在籍学生・生徒数の調査
産業	産業・職業分類別就業者数	国勢調査
	事業所数・従業者数・売上金額	経済センサス―活動調査
土地利用	区域区分の状況	都市計画図書、区域区分の見直し資料等から収集
	土地利用現況	現地調査、空中写真、固定資産課税台帳、登記簿、住宅地図等より収集
	国公有地の状況	登記簿、庁内資料から収集
	宅地開発状況	市街地開発事業等：都市計画図書、都市計画総括図（市街地開発事業）、庁内資料から収集、開発許可による開発：開発登録簿（開発許可申請）から収集
	農地転用状況	農地転用申請書から収集、農地の面積は、都市計画区域内は土地利用現況より、行政区域全体は農林業センサスより収集
	林地転用状況	地域森林計画対象民有林：林地開発許可申請から収集保安林：保安林指定（解除）申請書
	新築動向	建築確認申請、登記簿（固定資産台帳）から収集
	条例・協定	庁内資料から収集
	農林漁業関係施策適用状況	庁内資料により調査
建物	建物利用現況	現地調査、空中写真、固定資産台帳、登記簿、建築確認申請、住宅地図等から収集
	大規模小売店舗等の立地状況	法律に基づく届出資料等から収集
	住宅の所有関係別・建て方別世帯数	国勢調査
都市施設	都市施設の位置・内容等	都市計画図書、都市計画総括図（都市施設）、庁内資料等から収集
	道路の状況	国や都道府県、市町村の道路台帳、デジタル道路地図、ベクトルタイルデータから収集

交通	主要な幹線の断面交通量・混雑度・旅行速度	全国道路交通・街路情勢調査（一般交通量調査）報告書から収集
	自動車流動量	全国道路交通・街路情勢調査（一般交通量調査）（自動車起終点調査）報告書から収集
	鉄道・路面電車等の状況	各交通事業者資料、大都市交通センサス（三大都市圏のみ）、都市交通年報（三大都市圏のみ）から収集
	バスの状況	乗降客数は、一般乗合旅客自動車運送事業輸送実績報告書（運行系統別）から収集、バスデータの標準的なバス情報フォーマット（GTFS-JP）でオープンデータを公開している地方公共団体では、それらのデータが活用可能
地価	地価の状況	地価公示、都道府県地価調査から収集
自然的環境	地形・水系・地質条件	地形については、土地条件図（国土地理院のHP）、治水地形分類図（国土地理院のHP）、土地分類基本調査（不動産・建設経済局情報活用推進課のHP）、水系については、主要水系調査（一級水系）利水現況図（不動産・建設局情報活用推進課の主要水系調査成果閲覧システム）、地質条件は土地分類基本調査（表層地質図、土壌分布図）（国土政策局国土情報課のHP）をもとに整理
	気象状況	気象庁の観測データ、大気汚染常時監視測定局の測定データ等から収集
	緑の状況	航空写真、衛星画像、土地利用現況調査より収集・作成
	動植物調査	自然環境保全基礎調査、河川水辺の国勢調査、環境省レッドデータブック、都道府県又は市町村による既存調査、庁内資料等から収集
災害	災害の発生状況	既往災害：庁内資料から収集、災害リスク情報：国や都道府県・市町村によりハザードマップ等が作成済みの場合に収集
	防災施設の位置及び整備の状況	地域防災計画、消防関係資料等の庁内資料から作成
その他（景観・歴史資源等）	観光の状況	庁内資料から収集
	景観・歴史資源等の状況	庁内資料から収集
	レクリエーション施設の状況	庁内資料、河川水辺の国勢調査結果、公園管理者・河川管理者による既存調査から収集
	公害の発生状況	庁内資料から収集

［資料］　国土交通省都市局（2021）「都市計画基礎調査実施要領」の内容を基に筆者が作成

表2　人口・経済に関する基本統計

	統計調査名	公表主体	公表周期
人口	国勢調査	総務省	5年ごと
	人口動態調査	厚生労働省	月次
	住民台帳人口移動報告	総務省	月次
	将来推計人口・世帯数	国立社会保障・人口問題研究所	概ね5年ごと
企業・産業関連	経済センサス-基礎調査	総務省、経済産業省	5年ごと
	経済センサス-活動調査	総務省、経済産業省	5年ごと
	工業統計調査	経済産業省	年次*
	経済構造実態調査	総務省、経済産業省	年次*
	農林業センサス	農林水産省	5年ごと
	漁業センサス	農林水産省	5年ごと
	商業動態統計調査	経済産業省	月次
	鉱工業指数	経済産業省	月次
家計・労働関連	家計調査	総務省	月次
	消費実態調査	総務省	5年ごと
	就業構造基本調査	総務省	5年ごと
	賃金構造基本統計調査	厚生労働省	年次
	労働力調査	総務省	月次
	職業安定業務統計	厚生労働省	月次
	毎月勤労統計	厚生労働省	月次
物価・地価関連	小売物価統計調査（構造編）	総務省	年次
	小売物価統計調査（動向編）	総務省	月次
	消費者物価指数	総務省	月次
	消費者物価地域差指数	総務省	年次
	公示地価	国土交通省	半年
	基準地価（都道府県地価調査価格）	都道府県	半年
	路線価	国税庁	年次
県民経済計算関連	県民経済計算	都道府県	年次
	県内総生産	都道府県	年次
	県民所得	都道府県	年次
	市内総生産	市	年次
	市民所得	市	年次
	産業連関表	総務省	5年ごと
	延長産業連関表	経済産業省	年次

＊ 経済センサス実施年は経済センサスで調査し、製造業分を集計

口統計、及び経済統計のうち企業・産業、家計・労働、物価・地価、県民経済計算の関連統計について解説しておこう。

●人口

　人口については、「国勢調査」が基本となる。「国勢調査」は世帯（人）を対象とした全数調査で、そこからは人口の規模や変動が把握できるだけではなく、世帯をベースに、就業状態や世帯の状況、さらに従業地や通学地の集計を通じて、通勤や通学の状況も把握することができる。しかも、これらのデータは、市町村といったレベルだけではなく、小地域集計として、町丁・字といった単位で利用が可能となっている。また、「国勢調査」は、地域別メッシュデータとして公表されており、総務省のウェブサイト「地図で見る統計（統計GIS）」において、地図上に可視化することもできる。まさに、まちづくりの基本となる統計である。

　国勢調査は5年に一度の構造統計であるため、人口の変動を早期に把握するためには、別途の動態統計が使われる。人口の増減に関しては、月次で公表される「人口動態調査」や「住民基本台帳人口移動報告」が用いられる。また、これらの人口統計を用いて国立社会保障・人口問題研究所が都道府県別、市区町村別の「将来推計人口・世帯数」の推計結果を公表しており、まちづくりの基礎データとして重要である。

●企業・産業関連

　都市や地域の産業を把握する際の構造統計としては、事業所や企業を対象に全数調査を行う「経済センサス」が基本となる。「経済活動を同一時点で網羅的に把握する」（総務省統計局）という目的で2009年から実施されているもので、歴史は新しい。内容は、従業者数など事業所・企業の基本的構造を明らかにする「経済センサス—基礎調査」と売上高など経済活動の状況を明らかにする「経済センサス—活動調査」の二つがあり、これによって、かつてはなかなか把握できなかったサービス業なども含め、包括的に地域の産業を捉えることができる。「経済センサス」

も、全産業ベースの事業所数と従業者数が地域別メッシュデータとして公表されており、総務省の「地図で見る統計（統計GIS）」において、地図上に展開することができる。なお、従前の「事業所・企業統計調査」は経済センサスに統合された。

　また、産業別の構造統計としては、以前より実施されてきた「商業統計調査」は、2019年から実施された「経済構造実態調査」に統合再編されたが、「経済センサス」が実施されない中間年に公表されているほか、「工業統計調査」も同じく中間年に公表されており、これらを活用することができる。このほか、「農林業センサス」、「漁業センサス」もある。

　一方、動態統計としては、商業活動に関する「商業動態統計調査」があり、百貨店・スーパー販売、コンビニエンスストア販売、家電大型店販売などの金額について都道府県別に月次の動きを把握することができる。それ以外の動態統計で主要なものは生産動向を把握する「鉱工業指数」で、都道府県別に把握することができる。これらは、消費動向、生産動向を見るうえでの基本的な統計であり、地域経済の景気の現状を時系列で把握する際には必須の統計である。また、販売額統計の場合、次にみる「家計調査」とは異なり、海外からの観光客の消費なども把握することができる。

●家計・労働関連

　地域に暮らす人々に焦点を当てながら、経済動向を把握することも、まちづくりの前提といえる。家計については、「家計調査」があり、詳細な家計簿をベースに作られた統計から、各地域の家計の消費構造がわかる。「宇都宮市は、日本一餃子の消費額が多い[1]」といった話の基礎資料は、家計調査である。家計の所得、消費額の大きさから、各地域の家計消費の特徴だけでなく、家計の課題を探ることもできる。また、「家計調査」は構造統計としてだけではなく、月次の動態統計という側面もあり、小売販売額では捉えきれない家計の消費の全体の動きがわかる。家計調査は、家計側の構造統計、動態統計としての性格があるが、事業

所や企業と違い、家計は母集団が大きく、全数調査ができない。そのため、商業統計や工業統計とは異なり、標本調査となる。しかも、標本数は9000世帯弱と抽出率は決して高くなく、都道府県庁所在市別レベルの標本誤差は大きい。家計に関するより詳細な構造統計としては、「消費実態調査」があり、こちらは、標本数も5万世帯を超え、都道府県別に推計した詳細な結果も公表されている。

一方、労働市場に関しては、「就業構造基本調査」が構造統計として公表されている。15歳以上の世帯員約108万人の大規模な標本調査で、都道府県別のほか、県庁所在地、人口30万人以上の都市の地域別データも公表されており、就業状態について、雇用契約の詳細や就業異動など、詳細な結果を知ることができる。また、賃金に関する構造統計として「賃金構造基本統計調査」も都道府県別までだが、詳細な内容を公表している。

労働市場の動態統計としては、「労働力調査」があり、全国レベルでは完全失業率などが注目される。ただし、こちらは動態統計ということで標本数も限られており、とりわけ地域別になると誤差も拡大する。失業率など、地域においても関心のあるところではあるが、そもそも「労働力調査」の標本設計は都道府県別の表象を前提としていないため、都道府県別の調査結果も、モデル推計による参考値という扱いである点に留意しなければならない。これに対して、「職業安定業務統計」は、各地の職業安定所に提出される求人、求職のデータに基づいたものである。したがって、地域の労働市場の動向を見るうえでは、ここから得られる有効求人倍率や新規求人倍率を使うのが適当といえる。さらに、労働市場の動態統計には、「毎月勤労統計」もある。こちらは事業所側の標本からデータを得たもので、常用労働者数のほか、労働時間、給与に関する統計の基本となる。また、「毎月勤労統計」の場合、全国調査とは別に都道府県が調査を行っており、都道府県単位で統計が活用できる。

▶物価・地価関連

　物価は、モノやサービスの需給関係を反映することから、「経済の体温計」と言われ、経済状態を見るうえでは欠かすことができない。また、その変動は我々の生活に大きな影響を与える。さらに、地域の所得や消費を比較する際に、物価水準を調整した実質値でみることも必要である。物価については、基礎となる統計に「小売物価統計調査」があり、年間調査の「構造編」と月次の動態調査である「動向編」がある。県庁所在地及び人口 15 万人以上の都市のデータが把握できるため、個々の品目の実額やその動きを知ることができるが、総合的な物価動向を把握するうえでは、「小売物価統計調査（動向編）」のデータから作成される「消費者物価指数」が使われる。また、都道府県庁所在市及び政令指定都市（川崎市、浜松市、堺市及び北九州市）の 51 市について、物価水準の比較を行う場合は、「小売物価統計調査（構造編）」から毎年作成される「消費者物価地域差指数」を利用することができる。ちなみに、「消費者物価指数」は基準年を定め、その時点を 100 と指数化した統計であるため、各地域の指数水準を比較しても、実際の物価水準の比較はできない。

　一方、地価は、土地の需給関係を反映するという意味では、まちづくりに直接関わるデータである。地価については、「公示地価」、「都道府県地価調査」、「路線価」から、各地点等の詳細な地価データを利用することができる。

▶県民経済計算関連

　一国の生産レベルや所得を把握するうえで基本となる統計は、「国民経済計算」の体系に基づいた「国内総生産（GDP）」あるいは、「国民総所得（GNI）」が知られるが、都道府県別データも、国民経済計算に準拠した「県民経済計算」の体系の下、「県内総生産」、あるいは「県民所得」といった統計が作成される。政令市では、「市内総生産」、「市民所得」を公表している都市も多い。その意味では、地域の基礎的なデータであるといえる。「県民経済計算」は、基本的に「国民経済計算」の作成方法が

用いられるが、GDPがさまざまな統計を基礎に作られた加工統計（二次統計）であり、大まかな概数として把握する必要があるのと同様、「県内総生産」も加工統計でありマクロレベルの大枠の把握に止めるべきである。特に、「県内総生産」の場合、都道府県からの移出・移入（国レベルでの輸出入）の把握がきわめて難しいことから、誤差も大きい可能性が高く、公表時期も約2年後と遅い。

　一方、そうしたマクロ統計ではあるが、地域の経済分析にしばしば利用される有益な統計は、「産業連関表」である。「産業連関表」とは、一定期間に行われた財・サービスの産業間取引を行列（マトリックス）形式で示した統計表で、国レベルであれば、一国の産業間の取引関係がわかり、地域単位で作成すると、各地域内の産業の取引関係がわかる。産業連関表がまちづくりにおいて有益であるのは、さまざまなプロジェクトを行う際に、そのプロジェクトがもたらす経済的な波及効果を計算することができるためである。なお、産業連関表（基本表）は5年ごとの作成で、公表時期も約4年後と遅いが、これを補うものとして、中間年には若干推計を簡略化した「延長産業連関表」も作成されている。

2 ｜ 成熟社会のまちづくりを考える統計

　前章で述べたとおり、日本は高齢化、少子化の時代を迎える中、成熟社会として新たなまちづくりを模索する必要がある。人口統計については既に述べているので、以下、より具体的なテーマとそれに対応する統計を考えてみよう。**(表3)**

●空き家・高齢者対応住宅

　住宅事情はまちづくりの主要テーマである。住宅については、「住宅・土地統計調査」が構造統計として有益である。5年に一度のデータであるが、都道府県別に詳細な住宅事情を把握することができる。とりわけ、人口減少により昨今深刻となっている空き家の実態は、この統計から明

表3　成熟社会のまちづくりを考える統計

	統計調査名	公表主体	公表周期
成熟社会	住宅・土地統計調査	総務省	5年ごと
	国民生活基礎調査	厚生労働省	年次（大規模調査は3年ごと）
	国民健康・栄養調査報告	厚生労働省	年次
	医療施設調査（静態調査）	厚生労働省	3年ごと
	医師・歯科医師・薬剤師調査	厚生労働省	2年ごと
	患者調査	厚生労働省	3年ごと
	労働力調査	総務省	月次
	就業構造基本調査	総務省	5年ごと
	賃金構造基本統計調査	厚生労働省	年次
	保育所等関連状況取りまとめ	厚生労働省	年次
	認可外保育施設の現況取りまとめ	厚生労働省	年次
	社会生活基本調査	総務省	5年ごと

らかになる。また、同調査は、持ち家の耐震状況など住環境に関する内容も公表しており、防災まちづくりという面の統計としても利用できる。一方、高齢者対応という面では、マンションなど、エレベーターのある共同住宅や、さらにバリアフリーが徹底した高齢者対応型共同住宅などの動向、高齢者対応に向けてリフォームがどのような形で行われているかがわかる。

▶健康まちづくり

　まちづくりの目標として、あえて健康という文言を用いるようになったのは古い話ではない。高齢化とともに健康がクローズアップされてきたといえる。とりわけ医療費の増加を抑制するという面で、健康まちづくりの効果が指摘される。しかし、そもそも、人々が健康に暮らせる環境は、高齢社会であろうとなかろうと重要な課題である。都市や地域の感染症対策という観点においても基礎データは欠かせない。

　健康増進・疾病対策に関連する統計調査としては、「国民生活基礎調査」が病気やけがなどで自覚症状のある人（有訴者）や通院者の人口に対

する比率を、都道府県別、政令市・中核市別に公表している。また、「国民健康・栄養調査報告」では生活習慣の実態などが詳細に調査されており、都道府県別に公表されているデータも少なくない。例えば、1日当たりの平均歩数を都道府県別に比較すると、大都市圏に比べて地方圏は明らかに少なく、東京都や大阪府と岩手県、秋田県の間には有意な差がある。この背景には、自家用車に依存する地方圏の都市構造が影響しているものと思われる。

　また、医療環境については、「医療施設調査（静態調査）」が3年に一度、「医師・歯科医師・薬剤師調査」が2年に一度実施されており、市町村別の詳細な統計が公表されている。一方、病院の利用者となる患者の実態については、「患者調査」がやはり3年に1度実施されており、都道府県別の詳細なデータが公表されている。これによって、各地域の医療需給の状態も把握することができる。

●子育てしやすいまちづくり

　少子化問題は、高齢化とは別途捉えるべきもので、こちらは、子育て環境が整っていないという背景が考えられる。そもそも、女性のライフスタイルの変化を理由とする向きもあるが、女性の労働参加やその状態については、基本統計で述べた「労働力調査」、「就業構造基本調査」、「賃金構造基本統計調査」に詳しい。例えば、日本は、女性の年齢階級別労働力率でみたときに、30歳台が落ち込む「M字カーブ」を描くことで知られており、以前よりはカーブは浅くなっているが、状況は地域別に異なる。ただ、女性の労働参加率と少子化の関係が本当にあるのか、こうした統計に基づき、地域の実情も踏まえながら考える必要がある。

　明らかに深刻な問題は、保育所の不足である。この点については、「保育所等関連状況取りまとめ」をみると、都道府県別、政令市・中核市別の保育所関連の統計が掲載されている。また、「認可外保育施設の現況取りまとめ」も都道府県別、政令市・中核市別に公表されており、わが地域、わがまちの子育て環境を検討することができる。なお、家庭におけ

る男女別の家事・育児参加の時間については、生活時間を調査した「社会生活基本調査」で都道府県別の値が公表されている。

3 | 国際化・地域化時代のまちづくりを考える統計

　国際化の時代、これからのまちづくりは、やはり従来とは違ったものになる。インバウンド観光が長い目でみて増加していくという前提の下、各地域・都市は、空港や港湾などのハードの整備だけではなく、ソフト面での充実も求められる。**(表4)**

●都市間競争とツーリズム

　インバウンド観光というとき、わが地域、まちにどれぐらいの観光客が来ているのか、他の地域と比較できる基本統計を押さえておく必要がある。観光関係の統計について、「観光入込客統計」があり、各地域で時系列に動きをみるうえでは有効だが、全国統一基準を踏まえているとはいえ、データの範囲等、地域によって扱いが難しいため、利用にあたっては慎重になる必要がある。この点、統計の信頼性が高いのが、「宿泊旅行者統計」である。これは都道府県別に、観光目的か否か、外国人の内訳など、かなり細かい分類で把握することができる。宿泊者数ということで、日帰り客は把握できないが、これからの観光において、非日常

表4　国際化・地域化時代のまちづくりを考える統計

	統計調査名	公表主体	公表周期
国際化・地域化	観光入込客統計	観光庁	四半期
	宿泊旅行者統計	観光庁	月次
	国際会議統計	日本政府観光局	年次
	入出国管理統計	法務省	月次
	社会教育調査	文部科学省	概ね3年ごと
	地方における文化行政の状況について	文部科学省	年次
	学校基本調査	文部科学省	年次

を一定期間体験できるツーリズムをそれぞれの地域で育て上げる場合など、有効活用できる統計である。また、日本政府観光局（JNTO）からは、「国際会議統計」が年刊で公表されており、都市別に国際会議の開催件数が把握できる。なお、法務省の「入出国管理統計」は、入出国管理の業務統計であり、空港、港ごとに国別の入出国者の実数が全数把握できる。各地域の空港がインバウンドに寄与しているかはもちろん、クルーズ船の寄港がどの程度あるかもわかる。

●文化・芸術創造都市

　文化や芸術は、訪問者だけではなく、そこに住む人の生活環境にも大きく関わる。グローバル化の時代にこそ、地域固有の文化が活きる。そうした文化・芸術の取組みがまちづくりに取り入れられるようになったのも古い話ではない。ユネスコは、2004年に、文学・映画・音楽・芸術・食文化など7つの分野の創造性（クリエイティビティ）から、創造都市という概念を導入し、「創造都市ネットワーク（UCCN）」事業を開始した。日本でも、文化庁が支援して、文化・芸術創造都市という形でのまちづくりの連携が広がっている。こうした動きに対し、統計的に把握できる範囲は限られるが、「社会教育調査」は、博物館の職員数や博物館の入館者数を都道府県別に公表している。また、文化財や記念物の都道府県別のデータは、総務省統計局の「日本の長期統計系列　第26章　文化・レジャー」に掲載されている。このほか、「国勢調査」では職業がわかるので、例えば、わがまちに芸術家がどの程度住んでいるのかといったときは、「国勢調査」のデータを分析することになる。なお、文化庁が各地域の予算データを収集した「地方における文化行政の状況について」は年ベースで刊行されており、都道府県別、政令指定都市別、中核市別に、文化関係経費が詳細に収録された統計となっており、こうした観点から、それぞれのまちの文化に対する力の入れ方を比較してみるのも興味深い。

　一方、文化という点では、教育環境も住みたい地域を選ぶうえではか

なり重要な要素である。この点については、「学校基本調査」で進学率などの情報がある。また、「社会教育調査」では、公民館における学級・講座の開設状況や図書館の職員数についても都道府県別のデータを提供している。教育や文化は、昨今の地域社会で重視されるソーシャル・キャピタル（社会関係資本）とも密接に関わっており、今後、統計面も充実させていく必要がある分野であろう。

4 | 環境・交通まちづくりに関連する統計

　環境が良いこと、交通インフラが整っていることが、地域やまちの魅力になることには誰も異論はないであろう。しかし、単に道路を建設するだけの時代は終わった。地球温暖化問題が大きな課題となる中、都市の持続可能性という観点から、脱炭素社会に向けた取り組みや公共交通を活用したコンパクトシティ戦略が注目されている。**（表5）**

▶脱炭素社会

　都市の緑化は脱炭素社会に向けた基本的な取り組みであり、かねてよりの課題ではある。みどりのまちづくり、公園まちづくりといった言葉を掲げる自治体も多い。地域別の比較統計ということでいえば、国土交通省のホームページにある「都市データベース」で、都市公園の整備に関するデータを都道府県・政令指定都市別に時系列で入手することができる。また、自然公園に関しては、環境省のホームページにある「環境統計集」から都道府県別のデータを見ることができる。

　もっとも、緑地面積を増やすだけでは、カーボンニュートラルは実現できない。一見、緑が多い都市近郊や地方都市であっても、市民生活が自動車に依存する今日、二酸化炭素や窒素酸化物の排出量が問題となる。自動車に関しては、政府統計ではないが、「自動車保有台数」、「軽自動車保有台数」が各々の検査機関から公表されている。地方自治体によっては、自らの統計書に掲載しており、地方を中心に、人口当たり、あるい

は世帯当たりでどの程度自動車が保有されているのか、確認する必要が
ある。

●コンパクトシティ

　人口増加と経済発展によってスプロール化が進んだ都市は、移動手段
として自動車に頼らざるを得ない都市となっている。しかし、温室効果
ガスの排出や大気汚染のほかにも、渋滞、交通安全、騒音といったとこ
ろでも環境悪化の原因となっている。しかも、人口減少や高齢化に伴い、
郊外に広がった住宅地が空き家となったり、自動車を運転できない人が
移動できなくなったりするような問題が発生している。そうした中で、
環境面でも財政面でも持続可能な都市にするための戦略として、コンパ
クトシティという方向性が打ち出されている。

　自分たちの都市や地域が自動車にどの程度依存しているのかをみる際
の一つの基本的な統計は、「パーソントリップ（PT）調査」である。人々
がどのような手段で、何のために、どこからどこまでどの程度移動して
いるかを尋ねるもので、三大都市圏、地方中枢都市圏、地方中核都市圏

表5　環境・交通まちづくりに関連する統計

	統計調査名	公表主体	公表周期
環境・交通	都市公園データベース	国土交通省	年次*1
	環境統計集	環境省	年次
	自動車保有台数	自動車検査登録情報協会	月次
	軽自動車保有台数	軽自動車検査協会	月次
	都市圏パーソントリップ調査（PT）	国土交通省*2	概ね10年ごと
	全国都市交通特性調査（全国PT）	国土交通省	5年ごと
	大都市交通センサス	国土交通省	5年ごと
	自動車輸送統計年報	国土交通省	年次
	交通事故統計	警察庁・都道府県警察本部	月次（一部日次）
	地方財政統計年報	総務省	年次
	財政指数表	総務省	年次
	都市計画現況調査	国土交通省	年次

＊1　年次のデータベースではないが、都道府県別の都市公園等の面積、箇所等は年単位で収集することが
可能
＊2　各都市圏の交通計画協議会が公表

および地方中心都市圏の各都市圏で概ね10年に1度実施されている大規模な調査は「都市圏パーソントリップ調査（PT）」と呼ばれ、都市交通マスタープランにも使われる。ただし、これだけでは調査される都市圏が限られ、まちづくりのために機動的なデータを得ることができないため、サンプル数は減るが、地方の小規模都市を含めて全国の状況を比較可能な形で5年ごとに実施されるのが、「全国都市交通特性調査（全国PT）」である。この統計も実施されている都市は限られるが、わがまちと似通ったケースを比較することは可能である。

　公共交通の利用者については、個別の事業者のデータをそれぞれの地域でみるしかないが、首都圏、中京圏、近畿圏に関しては、「大都市交通センサス」が5年ごとに実施され、鉄道やバスの利用動向が詳細に明らかになる。また、乗合バスに関しては、「自動車輸送統計年報」で都道府県別に輸送人員等がわかるので、地域における乗合バスの利用動向をおおまかながら把握することができる。持続可能なまちづくりには、市民のライフスタイルの変化が求められる。モーダルシフトがどの程度求められるのか、昨今の欧州のまちづくりでは、自動車依存度を何パーセント減少させるかを戦略的な数値目標としていることが多い。

　このほか、自動車に依存した社会の問題点として、高齢化とともに改めてクローズアップされているのが、交通事故である。警察庁の「交通事故統計」から全国の詳細な内容と都道府県別死者数等が把握でき、自らの地域と全体を比較することができるが、都道府県別、市町村別の詳細は、各都道府県の警察本部から統計が公表されている。

　一方、コンパクトシティの背景にある都市の財政面の持続可能性については、全国他都市と比較検討するうえでは、「地方財政統計年報」、「財政指数表」に都市別のデータが蓄積されている。むろん、地方自治体の関係者であれば、わがまちの財政状況はわかっているであろうが、単に借金が小さければ良いというものでもない。財政力を相対的に見るうえで、これら統計データは有効に使えるはずである。

　なお、「都市計画基礎調査」に基づいて国土交通省がまとめた「都市計

画現況調査」では都市別に都市計画区域とその内訳の面積や現在人口、計画人口、用途地域別の面積などが詳細にわかる。コンパクトシティ戦略は、今日、行政としての都市計画の根本戦略でもあり、それぞれ都市の現況を押さえる基礎データである。

5 | 多様化の時代のまちづくりの基礎となる統計

　高齢化が進む今日、シニア世代が活躍できるまちづくりが求められているが、それ以外にも、障がい者、外国人など、全体として見れば少数派の人たち、さらには伝統的な価値観に囚われない人たち、が、広く社会に参加し、それぞれの個性やライフスタイルを発揮できる多様なまちづくりが、今後は必要となってこよう。**(表6)**

●ユニバーサルデザイン

　誰もが快適に暮らせる空間、環境を創り上げる概念として、ユニバーサルデザインがある。昨今のまちづくりでは、ユニバーサルデザインが意

表6　多様化の時代のまちづくりの基礎となる統計

	統計調査名	公表主体	公表周期
多様化	公共交通事業者等からの公共交通移動等円滑化実績等報告書の集計結果	国土交通省	年次
	自動車交通関係移動等円滑化実績等について	国土交通省	年次
	鉄軌道駅及び鉄軌道車両のバリアフリー化状況	国土交通省	年次
	住宅・土地統計調査	総務省	5年ごと
	社会生活基本調査	総務省	5年ごと
	社会福祉施設等調査	厚生労働省	年次
	介護サービス施設・事業所調査	厚生労働省	年次
	高年齢者の雇用状況	厚生労働省	年次
	「外国人雇用状況」の届け出状況	厚生労働省	年次
	地方財政統計年報	総務省	年次
	財政指数表	総務省	年次
	都市計画現況調査	国土交通省	年次

識されていることは多い。とりわけ移動手段や街の施設のバリアフリーは、まちづくりの大きな課題であり、統計も整備されてきた。バリアフリー関連の法律が統合され、いわゆるバリアフリー新法（高齢者、障害者等の移動等の円滑化の促進に関する法律）が2008年に施行されて以降、主な交通関係のバリアフリー進捗状況に関しては、「公共交通事業者等からの公共交通移動等円滑化実績等報告書の集計結果」に各種統計が紹介されており、さらにバスやタクシーなどについては、都道府県別や事業者別等の詳細が「自動車交通関係移動等円滑化実績等について」で把握することができる。また、データは限られるが鉄道駅についても「鉄軌道駅及び鉄軌道車両のバリアフリー化状況」として公表されている。住宅施設のバリアフリー化については、既に述べた「住宅・土地統計調査」のデータから実態を把握することができる。

●ダイバーシティ

多様な人々や多様な価値観を統計で把握することは難しい。政府統計においても各種世論調査があるが、地域別等の詳細データは得られず、まちづくりには使えない。しかし、「社会生活基本調査」は、全国8万8000世帯、約20万人を対象とした大規模な標本調査であり（2016年調査のケース）、都道府県別、11大都市圏といった範囲で、生活行動、生活時間に関する統計が公表されている。先に述べた育児参加の時間を初めとした男女の時間の使い方、あるいは、そこから見えるワークライフバランスの姿も捉えることができる。また、趣味・娯楽、スポーツ、ボランティアなどの地域社会活動の実態も見ることができる。

障害者の社会参加に関しては、障害者支援施設などの現況を、「社会福祉施設等調査」から、都道府県、政令指定都市、中核都市別に詳細を把握することができる。同調査は老人福祉施設等、その他社会福祉施設の統計もとりまとめている。また、介護サービス施設や事業所については、「介護サービス施設・事業所調査」において、同様に都道府県、政令指定都市、中核都市別に詳細を把握することができる。このほか、高齢

者の社会参加という点では、「高年齢者の雇用状況」から、70歳以上まで働ける企業割合などを都道府県別に比較することもできる。

　今後は、地域における外国人居住者といったところも注目されるかもしれない。そうした場合には、最初に述べた「国勢調査」や「住民基本台帳人口移動報告」で実態を把握することが基本となる。そのうえで、「『外国人雇用状況』の届け出状況」が厚生労働省でとりまとめられており、都道府県別の比較も行うことができる。

＊1　餃子のまち宇都宮
　　（http://www. city. utsunomiya. tochigi. jp/citypromotion/1007188. html）

Column

RESAS（地域経済分析システム）の見方・使い方

芦谷恒憲

地域経済分析システム（RESAS）は、経済産業省とまち・ひと・しごと創生本部事務局（内閣府）が提供し、ホームページで公開されている。これは、産業構造や人口動態、人の流れなどの公的統計や民間のビッグデータを集約し、マップやグラフで可視化するシステムである。

　現在、提供されているマップは、地域経済循環、産業構造、企業活動、観光、まちづくり、雇用／医療・福祉、地方財政がある。このうち、まちづくりマップでは、潜在人口、滞在人口率、通勤通学人口、流動人口メッシュ、事業所立地動向、施設周辺人口、不動産取引のデータが利用できる。

　データ集計では、都道府県、市区町村等地域集計のほか、複数地域の合算や比較地域の集計がある。各種マップで使用されている統計データを見ると、産業マップでは、「経済センサス」、「工業統計」等である。農林水産業マップでは、「農林業センサス」等、観光マップは流動人口データ（民間ビッグデータ）等、人口マップでは「国勢調査」、「人口動態調査」、「住民基本台帳移動報告」等である。

　RESAS は、データをマップやグラフにより可視化することにより異なる視点から地域経済の特性や変化をデータで探ることを目的としている。データ分析の視点で見ると、まず、全

体を俯瞰し、全貌を一目でつかむ視点である「鳥の目」、次に、細部に着目し注目ポイントをフォーカスする視点である「虫の目」や潮目を読み時間の経過を意識した視点である「魚の目」があげられる。提供されているデータから地域産業の全体像を見ることや産業ごとのシェアを把握することができる。

RESAS からは、産業マップでは地域産業の全体像や特性把握、農林水産業マップでは、販売構造、就業構造把握ができる。観光マップでは、人の流れが見える化されるが、データの蓄積が少ない。人口マップでは、人口構成、流出・流入の実態を市区町村単位で把握することができるが、市区町村より小さい地域把握は別途独自データの収集や整理が必要である。自治体比較マップでは、市区町村単位で経済活動の把握ができる。

RESAS は、データ分析の初心者でもマップやグラフで地域の特徴を見ることができるツールである。特定のテーマなど深く掘り下げた分析にはデータや情報の追加が必要であるが、データ分析の経験が浅い者にとっては、地域データを用いた分析のトレーニングができるシステムである。

RESAS URL | https://resas.go.jp/#/13/13101

Column

第 **Ⅱ** 部

まちの現状を知り、課題を発見する

第**3**章

問いの立て方

多田 実
Tada Minoru

3

---

1 | 問題解決マトリクスによる分類

　まちづくりに限らず、一般的に、何らかの解決策を考えるべき問いを立てようとするとき、二種類の「問題」があることに注意しなければならない。近年、アクティブラーニングとして大学教育の現場で注目されている「PBL」と呼ばれる教育方法があるが、PBL が "Project Based Learning" の略称の場合、課題解決型学習やプロジェクト学習と訳される。たとえば「あるイベントの集客数を増やすには？」といった何らかの「課題」が考えるべき〈プロジェクト〉のテーマとして事前に与えられている場合が多い。もう一つの PBL は "Problem Based Learning" であり、この場合の「問題」は解決しなければならない困った状況を意味する〈プロブレム〉で、自ら問題を発見しなければならず、同じ PBL でも問題（発見）解決学習と呼ばれてプロジェクト型と区別されることがある。

　また、「問題」はどの程度の時間をかけて考えるかによって二種類に区別することもできる。スポーツなどのゲームに例えて説明すると、「こんどの試合をどのようなメンバーでどう戦うのか？」のような作戦を考えるのは短期的で戦術（タクティクス）研究になるが、「強くするにはどのようなチームづくりをすべきか？」といった方向性を探っていくのは中長期的で戦略（ストラテジー）を考えることになる。これらの違いも考慮すると、問題解決にかける時間軸も含めて分類することになるため、次

第Ⅰ部

第Ⅱ部

第Ⅲ部

まちの現状を知り、課題を発見する

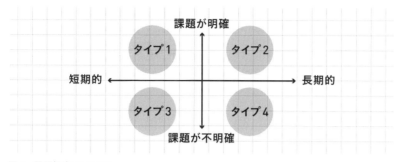

課題が明確

タイプ1　　タイプ2

短期的　←──────→　長期的

タイプ3　　タイプ4

課題が不明確

図1　問題解決マトリクス

章で後述する「ポジショニングマップ」や「知覚マップ」などと呼ばれる図表のように、マーケティング思考法でしばしば用いられる4分割の「マトリクス」で**図1**のように整理できる。問いを立てるとき、どのタイプになるのか最初に確認しておくと良いだろう。大学のPBL科目では解決すべき課題が明確かつ短期的に解決策が求められる［タイプ1］に属する問いの設定が比較的多いように思われるが、市町村レベルで考えなければならない地域に関わる問題の場合、課題が明確ではなく、しかも短期間では解決できないような状況に直面していることも少なくないように思われる。いずれにしても、まちづくりに関わる問いを実際に立てるとき、どのように考えればいいのだろうか。PBL教育では数人単位でチームを結成し、グループワークで解決策などを考えるのが一般的で、このアプローチは、教育の現場のみならず、まちづくりに関わる様々な所で有効であることを次に示す。

2 ｜ 問題を創造的に発見、解決するために

　まちづくりに関わる問いの設定において、「まずは何をすべきなのか？」「どこから手をつければいいのか？」皆目見当がつかないような状況（**図1**の［タイプ3］あるいは［タイプ4］）ならば、やはり個人で考えるのではなく、複数人でグループワークをすることが得策だろう。また、

問いを立てるということは、学術的には、仮説を設定すると言い換えることができる。いったん仮説が設定できればそれが正しいかを探るべくデータを集めて分析し検証するのが極めて自然な流れであり、典型的な統計学的問題解決アプローチの流れと言える。このとき、設定された仮説や問いが個人の価値観によって大きく異なってしまうような偏ったものにならないよう、ある程度の客観性には注意すべきである。

　そのためには、グループワークで問いや仮説を考える際、下手に1つに絞ろうとはせず、全体像が見渡せるようなまとめ方が望まれるだろう。具体的には、創造的問題解決手法として有名ないくつかの手法（これらの手法に関する詳細な説明は Web 検索でも容易に良記事が見つかるので割愛する）を以下のような手順で組み合わせて活用することをお薦めしたい。

▶［第1段階］BS-KJ の実施

　ブレーンストーミング（BS：Brain Storming；以下「ブレスト」と略記）をしながら KJ 法を行うことをここでは「BS-KJ」と呼ぶことにする。一般的には、ブレストと KJ 法は別物として扱われるが、より創造的なアイデアを出すために、ブレストの三原則、①質より量を念頭に置く、②他人の意見を決して批判しない、③前の人の意見に関連付けて発言する、を踏まえて KJ 法のためのカード（ラベル）を作成していく。すなわち、黙々とカードに意見や考えなどを書くのではなく、ブレストによって多種多様なアイデアが出てくることが期待され、またビジネスの世界で重要とされるロジカルシンキングのための「MECE（ミーシー：Mutually Exclusive and Collectively Exhaustive）」と呼ばれる「漏れなくダブりなく」と訳される概念も多少なりとも考慮されることになる。KJ 法の最終段階であるグルーピングにおいてもこのブレストが効果的に作用することが期待できるだろう。

▶［第2段階］FBC の作成

　KJ 法の最終段階で分類されたグループにおける表札（タイトル）が定

まれば、各グループ内に存在するカードに記された内容に対して、問題
解決に要する時間軸（短期的か長期的か）に注目し、**図1**におけるタイプ
3かタイプ4のどちらになるのかも考慮できれば、さらに細分化された
分類になるだろう。そして、最終的に、KJ法での分類結果を特性要因図
（FBC：Fish Bone Chart；フィッシュボーンチャート）にまとめると、問題解決に
必要なプロセスの全体像がより明確に示される。

例えば、**図2**のようなKJ法での図式化になった場合、3つの表札を
特性要因図の「中骨」に配置し、その中に含まれるラベルを対応する「小
骨」に配置すれば、**図3**に示すようなチャートとしてまとめることがで
き、［解決すべき問題］が「特性」に、［表札］が「要因」に相当するこ
とになる。これら2つの段階（BS-KJからFBCへ）がスムーズに進むよう
にするためには、やはり、KJ法を実行するときの「MECE（漏れなくダブ
りなく）」を心がけたブレストが肝要である。

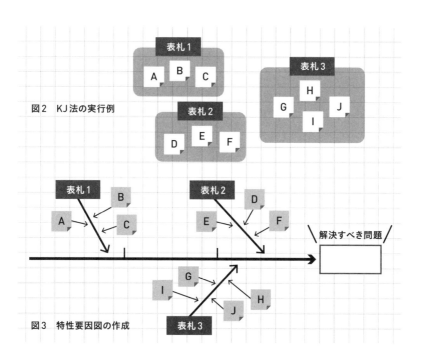

図2　KJ法の実行例

図3　特性要因図の作成

3 │ QCサークル的発想による仮説の立て方

第二次世界大戦後の高度経済成長期における「メイド・イン・ジャパン」と称賛された日本製品の高品質なブランドイメージは、その背景に、「QC活動」が日々行われていたことを抜きには語れないだろう。QCとは、品質管理（Quality Control）の略称で、戦後、マッカーサーを最高司令官とするGHQ（General Headquarters；連合国軍最高司令官総司令部）の要請を受けて来日したデミング博士がその土台を築いたことは有名であり、彼の来日が契機となり普及・誕生したPDCA（Plan：計画・Do：実行・Check：評価・Action：改善）サイクルやトヨタのかんばん方式（just-in-time）などは、今もなお、重要なマネジメント技法として継承されている。

当時、デミング博士の教えは、「〈QC七つ道具〉をうまく活用すれば一般企業の身の周りにある問題の95%は解決できる」と断言された東京大学石川馨教授が音頭を取り「QCサークル活動」として広まった。QC七つ道具とは、QC活動を行うために不可欠な7種類の問題解決ツールのことで、具体的には、①パレート図、②ヒストグラム、③散布図、④グラフ、⑤管理図、⑥チェックシート、⑦特性要因図を指す。これらのツールそれぞれの詳細な説明は割愛するが、共通して言えることは、勘や経験だけに頼らずデータを取り、それを「可視化」して問題解決に役立てようとすることで、その考え方や精神は、後述する昨今のトレンドワード「EBPM（証拠に基づく政策立案）」に通じ、本質的に同じ概念であると言える。

ところが、今の世の中サークルと言えば、テニスや野球などのスポーツ、音楽やダンスなどの芸術の同好会のようなものを連想するようになり、主に工業製品の改善に関わるデータ分析を基にした勉強会のような活動をしていたQCサークルはなぜか日本の会社から姿を消してしまった。その理由には諸説あるだろうが、いわゆるゆとり教育の弊害を抜きには語れないように思われる。さらには、ある程度の数学的素養やセンスがあれば活動できるはずなのに、ビッグデータが流行して「データサ

イエンティスト」と称されるデータ分析のスペシャリスト職が新たな職種として生まれているような現状が、逆に、「数値データを扱って仕事に活かすような小難しそうな話は専門家に任せておけばいい」といった風潮を増長させているのではないだろうか。

　では、データ分析に長けている統計のスペシャリストではない人たちが、QCサークルのような活動を行うには何から始めればいいのか。まずは、自分たちの興味ある身近なテーマのデータを取得し、それについて簡単なグラフ化などを行った後、前節でも触れたブレストを行いながら、新たな仮説を立てて分析することを推奨したい。このアプローチは、学術的なリサーチデザインにおける仮説の立て方にも通じるものと思われる。何らかの問題発見・解決をするとき、最初からすべてを作れるのではなく、一つの分析結果を再考することから、新たな次のリサーチが見つかることが少なくないからである。

　たとえば、あるQCサークルのメンバーが野球好きの人たちならば、Web検索で簡単に入手できるプロ野球の統計サイト（例：「日本野球機構」NPB.jp）からデータをコピーしExcelなどの表計算ソフトにペースト[*1]することによって、楽しみながらプロ野球のデータ分析ができるだろう。**図4**は、そのようにして入手した2019年度プロ野球セントラル・リーグとパシフィック・リーグの個人成績（規定打席以上の打率上位30位の選手）データから「ホームランバッターは大振りをするので三振も多いのでは？」という素朴な仮説を検証するために作成した、ホームラン数と三振数の関係を示す散布図である。その結果、右上がりの傾向が見られ、

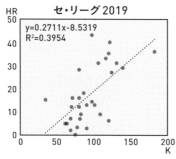
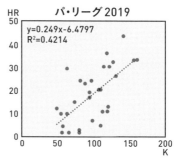

図4　ホームラン（HR）と三振（K）の散布図

正の相関があることが分かったが、相関係数 R はセ・リーグが 0.6288（R2 値：0.3954）、パ・リーグが 0.6491（R2 値：0.4214）で、正の相関があったものの、これを強い相関関係があるとみるか、それほどでもないと判断するか、分析者の判断によって異なるかもしれない。また、この傾向は、今回限りのものなのか、毎年現れることなのかといった新たな疑問や興味も出てくるだろう。

そこで、これだけで終わらせるのではなく、この分析結果の関連（つながり）を意識したブレストにより新たな仮説が生まれてくることが期待できる。たとえば「ホームランといえば大量得点の試合になる可能性が高まる」ことより、プロ野球のテレビ中継での解説者や実況アナウンサーから「野球は 8 対 7 で決着するのが一番おもしろい[*2]」という話を何度か聞いたことがあるとの発言がブレストで出たとしよう。一試合で 8 点も 7 点も得点が入るということは、投手の出来が良くなく、打者に打ち込まれてしまったのは事実である。本当にこのような「打高投低」の試合がおもしろいのであれば、「防御率（投手の出来）が悪いシーズンほど観客動員数が多いのでは？」という新たな仮説を設定することができる。

以上を一般化すると、QC サークル的な活動を行うときにすべきことは、「PDCA サイクル」のように何回も繰り返す、下記の手順に要約できる。

①勘や経験、興味や関心などを踏まえた仮説を立てる
②データ収集を行い、事実に基づいた分析をする
③結果をメンバーで共有し、勘や経験を生かしたブレストをする
④そこからさらに改善された新たな仮説を考える（上記②に戻る）

この活動において、故事ことわざの「三人寄れば文殊の知恵」は、まさに言い得て妙であり、高額なコストをかけたデータサイエンティストによるデータ分析ではなく、現場を熟知したメンバーのブレストに基づく仮説の設定（問題発見）の方が、より有用な結果を導くことが大いに期

待できるだろう。

4 │ EBPM（Evidence Based Policy Making）とは

　統計データなどの分析から得られた、科学的な根拠に基づく判断を行う「エビデンス・ベースト」の考え方は、1990 年代初頭に医療現場での（治療法における）比較実験に代表される EBM（Evidence Based Medicine）から始まり、その後、教育の現場やビジネスの世界にも広がっていったが、いわゆる政策立案に統計学を中心とするデータ分析を利活用する試みは、近年、日本政府が重要な取組みと位置づけ、内閣府の Web ページで次のように紹介されている。[*3]

内閣府におけるEBPMへの取組

　EBPM（エビデンス・ベースト・ポリシー・メイキング。証拠に基づく政策立案）とは、政策の企画をその場限りのエピソードに頼るのではなく、政策目的を明確化したうえで合理的根拠（エビデンス）に基づくものとすることです。

　政策効果の測定に重要な関連を持つ情報や統計等のデータを活用したEBPMの推進は、政策の有効性を高め、国民の行政への信頼確保に資するものです。

　内閣府では、EBPMを推進するべく、様々な取組を進めています。

　この内閣府が公開している文章で注意すべきは、「国民の行政への信頼確保に資する」としているが、国民に対して、どのようにしてその政策の妥当性を担保するかが重要な課題であり、そのことについて、同ページの PDF 文書（内閣府本府における EBPM の取組について）で、政策の目的の達成までに至る因果関係の仮説を示す「（別紙）ロジックモデル」を作成する、と説明している。ここで、何をもってして［アウトカム］（モデル

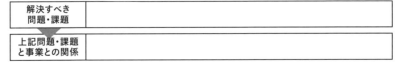

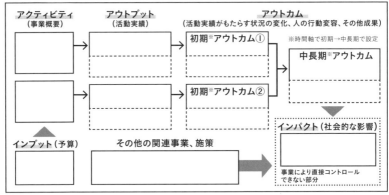

(注1) アウトプット及びアウトカムに点線枠内には、何をもってアウトプット及びアウトカムを測るのかを記載する
(注2) アウトカムを定量的に測ることが困難な場合には、代替となる事項をもってアウトカムを測ることの相当な理由も同
　　　枠内に記載する

図5　内閣府EBPMにおける (別紙) ロジックモデル

図の右上) を定量的に測るのか、この PDF 文書には事業の実施前及び実施
後のアンケート調査結果がその具体例として挙げられており、アウトカ
ムを定量的に測ることが困難な場合には、代替となる事項をもってアウ
トカムを測ること及びその相当な理由を内閣府本府 EBPM 推進チーム
に説明し、これらを「ロジックモデル」に記載することになっている[*4]。
エビデンス・ベーストの元祖と言える、新薬の効果を比較実験で明らか
にする典型的な EBM のように、このロジックモデルでは 2 種類の ［ア
クティビティ］（図の左上）が示されているが、文書内にはそのことが明
記されておらず、またアンケート調査には特定の層だけに偏るようなバ
イアスがかからないように注意して実施しなければ、国民の総意として
納得できる政策立案には決してならないだろう。ちなみに、2013 年ノー
ベル経済学賞を受賞したラース・ピーター・ハンセン教授は、2019 年
2 月に発表したエッセー "Purely evidence-based policy doesn't exist" で、安

易にデータを鵜呑みにしたような EBPM に警鐘を鳴らしている*5。

　内閣府が目指している EBPM は「はじめにロジックモデルのアクティ
ビティありき」なので、それ相応の時間や予算、さらには有識者の助言
なども必要になってくるものと考えられるが、このようなコストがかけ
られない場合、全く異なるアプローチでエビデンス・ベースな問題解
決をすることが可能である。それはロジックモデルのアクティビティを
最後のゴールに設定する、内閣府のそれとは逆向きの手順でアプローチ
することで、データマイニング（data mining）的な問題解決法ということ
もできるだろう。すなわち、提案したい事業計画についてアンケート調
査などからその妥当性を検証するのではなく、アンケートに限らず様々
なデータから検討に値しそうな事業計画を考えていくのである。

　これをデータマイニングの有名な事例「紙おむつと缶ビール*6」で説明
すると、紙おむつと缶ビールを同じ場所に並べて販売するという新たな
一つの案（これらの販売額が相乗効果で増えるという仮説）を予め考えておき、
その妥当性をアンケート調査などで検証（この仮説を他の代替案とどちらが有
効か比較検討）するのが内閣府の EBPM 的分析アプローチであり、どのよ
うな商品が同時に購入されているのかをアンケートではなくレジの購買
データから調べた結果、紙おむつと缶ビールがそれに該当することが明
らかになるのがデータマイニングの問題発見的アプローチである。そも
そもデータマイニングには、山のような大量データから金を採掘（マイニ
ング）するようなお宝情報を見つけるといった語源からもわかるように、
想定外の事実を発見する醍醐味が存在し、一般的なデータ分析とは一線
を画するものである。

　これらの全く異なる 2 つのエビデンス・ベースドな（客観的なデータに基
づく）アプローチは、前者（内閣府の EBPM）を「仮説検証型」、後者（デー
タマイニング）を「仮説発見型」と呼んで区別することもできるが（**図6**）、
どちらがより優れているかは一概には言えず、状況に応じて使い分ける
柔軟性が必要であろう。いずれのアプローチにおいても、何らかの状態
に偏ったバイアスが含まれているようなデータからは良質な結果が得ら

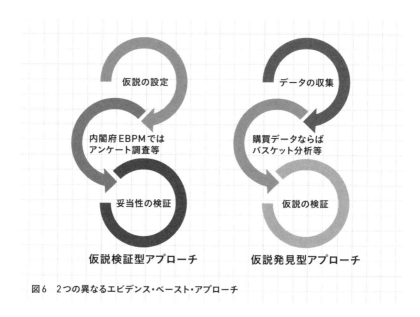

仮説の設定

内閣府EBPMでは
アンケート調査等

妥当性の検証

仮説検証型アプローチ

データの収集

購買データならば
バスケット分析等

仮説の検証

仮説発見型アプローチ

図6　2つの異なるエビデンス・ベースト・アプローチ

れるわけがなく、常に「GIGO（Garbage In Garbage Out）[7]」になっていないか注意すべきである。また、最近では、本来良い意味で使われていた「データ・ドリブン（data-driven）[8]」を、データ分析した結果を盲目的に信じて疑わないというネガティブな意味として警鐘を鳴らし、データは一つの情報に過ぎず、それだけを鵜呑みにしないことをポジティブな意味で「データ・インフォームド（data-informed）」というキーワードで説明することもある[9]。バイアスのない良質なデータを分析したからといってもそれを鵜呑みにすることなく、分析して得られた結果は、あくまで意思決定を支援する一つの判断材料に過ぎず、他の関連する分析結果や定性的な情報なども考慮すべきであることは非常に重要な見解である。

＊1　WebブラウザやExcelのバージョンによっても異なるが、シートのセルに正しくペーストできないときは、Excelで「形式を選択して貼り付け（「値」や「テキスト」の形式を選択）」で対処しなければならない。

＊2　この「名言」（迷言?）は、米国ルーズベルト大統領が言ったことから「ルーズベルト・ゲーム」と呼ばれている。

＊3　https://www. cao. go. jp/others/kichou/ebpm/ebpm. htm（最終更新日：2019年4月）より引用。

＊4　https://www. cao. go. jp/others/kichou/ebpm/pdf/ebpm_houshin. pdf（2019年1月28日内閣府本府EBPM推進チーム決定）より引用。

＊5　このエッセーは下記URLから閲覧可能。https://review. chicagobooth. edu/economics/2019/article/purely-evidence-based-policy-doesn-t-exist

＊6　EBMが登場したのと同時期1990年代初頭に、米国の大手スーパーマーケットのレジで購買データを調べたところ、紙おむつと缶ビールがしばしば同時に購入されているという「お宝情報」が見つかり、それを踏まえた商品の陳列に変えたところ、さらに売り上げが伸びたという事例。

＊7　ゴミのようなデータをコンピュータに入力しても、ゴミのような無意味な結果しか出力されないという古くから語り継がれている格言。

＊8　データ駆動型。データがマーケティングの活動を動かすイメージ。

＊9　近年、data-informedという用語は、日本のビジネスの現場でも使われるようになったが、2009年頃、以下に示す米国の教育現場で使われたのが最初のように思われる。https://files. eric. ed. gov/fulltext/ED504191. pdfからダウンロード可能。U. S. Department of Education Office of Planning, Evaluation and Policy Development (2009), Implementing data-informed decision making in schools: Teacher access, supports and use, United States Department of Education (ERIC Document Reproduction Service No. ED504191)

参考文献

◉鈴木康久・嘉村賢州・谷口知弘編 (2019)『はじめてのファシリテーション　実践者が語る手法と事例』昭和堂

◉多田実 (2008)『文系のための理系的問題解決―Excelで実践する数理的・統計的分析』オーム社

◉細谷克也 (2006)『QC七つ道具（やさしいQC手法演習）新JIS完全対応版』日科技連出版社

◉細谷克也・石原勝吉・廣瀬一夫・吉間英宣 (2009)『やさしいQC七つ道具―現場力を伸ばすために リニューアル版』日本規格協会

Column

KJ 法に使える
オンライン・グループワーク

多田 実

コロナ禍の緊急事態宣言によりオンライン授業が中心になり、大学のゼミなど少人数クラスでのグループワークが対面でできなくなってしまった。Zoom の「ブレイクアウトセッション」機能を使えば、オンライン上でグループワークが可能であるが、そのとき役立つのが Google の「ジャムボード」である。

このように参加者は模造紙に付箋を貼るような感覚で、自分の意見やアイデアを可視化して共有することがで き、付箋は自由に動かせるので、円や線、矢印などの入力ツールを用いればオンライン上での KJ 法にも使える。

ただし、初期設定では作成者しか使えないため、画面右上青色ボタン[共有]の「リンクを取得」から「リンクを知っている全員に変更」をクリックし、続いて現れる「リンクを取得」画面で「閲覧者」を「編集者」に変更してから「リンクをコピー」して参加者に（Zoom のチャットなどを用いて）知らせなければならない。

Column

第**4**章

公的統計の現状と
データの集め方

芦谷恒憲
Ashiya Tsunenori

1 | 公的統計の現状

　公的統計における多くの統計の集計結果は、都道府県別など行政地域区分で集計されているが、全数調査が必要な市町村別で集計されているデータは少ない。地域の詳細な実情を把握するためには、市町村別地域区分より小さなデータが必要である。平成の市町村合併後の地域分析では、一部市町村は、合併後も名称が変わらない場合があるため、市町村合併や市町村の境界変更などをあらかじめ確認した上でデータを整理する。

▶地域統計の現状

　統計は調査の対象分野により、いくつかの分野に区分される。企業の活動を対象としている統計が経済統計であり、個人や世帯を対象としている統計が社会・人口統計である。多くの調査で採用されている標本調査では、現実のある側面を数値化し、調査票データを集計したもののため、誤差が生ずる。サンプルが十分に確保されていない小地域における集計結果は誤差が大きい。統計データを集計期間で見ると、短期は、状況がイメージできる 1 ～ 2 年後で足下の状態、中期は 5 ～ 10 年後で地域計画を立てる場合の当面目標であり、長期は概ね 1 世代後の 20 ～ 30 年後で構造変化をみる。

表1　総人口の規模別集計

地域区分	総人口	集計区分
集落	200〜300人	町丁・字集計、農業集落集計
村	1000人〜3000人	市区町村集計
町	5000人〜1万人	市区町村集計
小都市	5万人	市区町村集計
中都市	20万人	中都市集計（人口20万人以上集計）
大都市	50万人	大都市集計（人口50万人以上集計）
政令指定都市	70万人以上	政令市集計

　地域分析の目的は、各種指標により地域の特徴を把握することである。小地域統計では男女別人口及び世帯数、男女別年齢5歳階級別人口などの人口構造をあらわすデータがある。地図情報では、基準線、海岸線、公共施設の境界線、行政区画などの情報を併せることにより、中心性、拠点性など地域の特徴を把握することができる。地域を類型化することにより、出生、死亡等の人口動態や高齢化率等人口構造の特徴をみることができる。たとえば、市役所、医療機関、金融機関、商店街、鉄道駅など都市機能が集まっている中心部や中心市街地周辺で世帯数が増加、その他は減少地域という区分で比較分析できる。データ項目間の分布パターンや時系列トレンドを明らかにすることにより、地域の実態をより詳細に捉えることができる。

●集落データによる地域分析

　農業集落は、もともと自然発生的な地域社会であり、家と家とが地縁的、血縁的に結びつき、各種の集団や社会関係を形作ってきた農村社会における基礎的な地域単位と定義される。生産の共同組織であるばかりでなく、生活共同体としての機能を持ち、自治及び行政の単位として機能してきた。農村地域は、現在でも住居が集まった集村の形態を強く保っているため、農業集落単位でコミュニティやその機能を考える。農

業と林業の経済活動の把握を目的とする「農林業センサス」（農林水産省）が5年ごとに実施される。これをもとに他の農林業に関する調査と組み合わせ、農業集落ごとに編集したものが農業集落カードで、農業の統計に加え、集落の社会組織に関することも含まれている。農業集落の範囲とその境界が他の小地域統計の範囲と異なり、「国勢調査」の小地域統計としての町丁・字の境界と農業集落の境界は多くの場合同じではないため、集落ごとのデータ作成には組替え作業が必要である。

　旧市区町村別集計は、1950年2月1日現在（1950年世界農業センサス）市区町村による集計である。市区町別統計を過去から連続してみられる集計区分であり、地域的な農業の変化を追跡できる。農業集落は、それが持つコミュニティとしての役割や機能、各種施策を推進するための拠点としての役割が見直されている。

　集計区分例では、県、市区町のほか、旧市区町村（1950年2月1日現在）、集落などがあるが、その他地理的区分例は分析者の定義による。都市の中心区や周辺区の区分では、たとえば、大阪市の中心6区は、概ねJR大阪環状線内（福島区、西区、天王寺区、浪速区、北区、中央区）で、周辺区は中心6区を除く区である。

　農業地域を類型区分するための指標は、短期の社会経済変動に対して比較的安定している土地利用指標を中心とする。都市的地域の指標としては、都市的活動の集積地域における土地利用を代表し、かつ、変動の少ないDID（人口集中地区）面積の割合を中心とする。山間農業地域の土地利用の代表的な指標は林野率とする。上記以外の地域は、耕地率の高さに代表されるような農業的特性の重みが大きい地域であり、農業的特性に応じてその中を平地農業地域と中間農業地域に分けて比較分析を行う。

表2　農林業センサスから見た農業集落戸数の例

南あわじ市農業集落戸数（2000年　150戸以上）　　　　　　　　　　　　（単位：戸）

市区町村 （2000年）	旧市区町村 （1950年）	集落名	1970年 総戸数	1980年 総戸数	1990年 総戸数	2000年 総戸数	2000 （1970年=100）
三原町	榎列村	掃守	186	131	260	283	152.2
三原町	市村	青木	180	215	257	279	155.0
三原町	市村	福永	200	274	267	273	136.5
三原町	八木村	養宜上	148	203	242	260	175.7
三原町	榎列村	小榎列	206	176	211	222	107.8
三原町	榎列村	大榎列	184	201	198	218	118.5
三原町	八木村	寺内	122	129	185	214	175.4
三原町	市村	三条	131	115	153	185	141.2
三原町	八木村	野原	111	132	156	152	136.9
南淡町	福良町	向谷	133	463	514	524	394.0
南淡町	福良町	東谷	210	246	225	224	106.7
南淡町	阿万町	東町	222	231	230	219	98.6
南淡町	北阿万村	伊賀野	206	203	201	206	100.0
南淡町	阿万町	上町	217	223	219	205	94.5
南淡町	阿万町	西町	203	192	206	199	98.0
南淡町	北阿万村	筒井	144	143	159	162	112.5
南淡町	賀集村	野田	66	88	104	157	237.9
南淡町	賀集村	福井	72	136	127	157	218.1

（出所）農林水産省「農林業センサス」資料より作成

（参考）

◉DID（Densely Inhabited District　人口集中地区）
　①原則として人口密度が1k㎡当たり4000人以上の基本単位区等が市区町村の境域内で互い
　に隣接して、②それらの隣接した地域の人口が国勢調査時に5000人以上を有する地域

◉農業集落別データ（組替）
　2005年国勢調査、2010年国勢調査、2015年国勢調査
　http://www. maff. go. jp/j/tokei/census/shuraku_data/2015/sb/index. html

◉平成28年経済センサス
　http://www. maff. go. jp/j/tokei/census/shuraku_data/2020/sd/index. html

◉農業集落境界データ（SHAPE形式・世界測地系・経緯度座標系）
　http://www. maff. go. jp/j/tokei/census/shuraku_data/2015/ma/index. html

2 ｜ 統計情報を扱う際の注意点

◉人口統計等の客観的な統計資料（全数調査）の場合

　統計データは膨大な情報から必要な情報を集約することにより客観的
な事実を見出すことができる。調査統計は、調査結果に基づき作成され、

統計調査により集められた情報である。統計調査は、調査対象をすべて調査する全数調査と、一部を取り出して調査し、その結果から全体を推定する標本調査に区分される。

　統計データは小さな集計単位ごとに得られたデータを市町村、都道府県、そして全国などの単位にまとめ上げることで作成される。まちづくりの議論には、人口統計など公的統計が欠かせない。全数調査には、世帯を対象とする「国勢調査」と事業所を対象とする「経済センサス」がある。「国勢調査」は、人口構造や家族構成、就業状況を把握するため、1920年から5年ごとに実施されている調査で、全世帯を対象に実施される。調査内容は、日本に居住する人の性別、年齢の把握等の基本的属性、国籍、配偶関係、世帯の人数等の社会的属性、就業状態等の経済的属性などである。全数調査データのため、地域振興などの支援策や施策の対象者を考えるデータになる。たとえば、都市地域と農山村地域など

表3　2015年国勢調査の集計・公表状況

集計区分	集計事項	表章地域	公表時期
速報集計	人口、世帯数早期提供	全国、都道府県、市区町村	2016年2月
抽出速報集計	主要な結果の早期提供（集計対象1/100）	全国、都道府県、人口20万人以上市	2016年6月
基本集計	人口等基本集計	全国、都道府県、市区町村	2016年10月
	就業状態等基本集計		2017年4月
	世帯構造等基本集計		2017年9月
抽出詳細集計		全国、都道府県、市区町村	2017年12月
従業地・通学地集計	就業状態等集計	全国、都道府県、市区町村	2017年6月
	抽出詳細集計		2017年12月
人口移動集計	男女・年齢等集計	全国、都道府県、市区町村	2017年1月
	就業状態等集計		2017年7月
小地域集計 ※まちづくりに利用	人口等、就業状態等、世帯構造等基本集計、従業地・通学地人口集計、移動人口集計	町丁・字、基本単位区、地域メッシュ	各集計完了後

地域ごとの少子化や高齢化などの課題がわかるため、地域の課題の状況を見ることができる。

「国勢調査」データから男女別人口及び世帯数、男女別年齢別人口など地域の人口構造を読みとることができる。集計結果は、県別、市町別など行政地域区分で集計される。「国勢調査」は全数調査のため、市町別地域区分より小さな各種小地域データを整理し、課題を可視化することができる。

▶標本調査（バイアスが加わるもの）の場合

調査する数が少ないため、調査のための費用と労力が少なく、調査結果を早く利用できる。調査結果の利用には、標本誤差の管理が必要である。誤差が大きければ精度が悪く、小さければ精度がよい。これは、標本数や抽出、集計方法と密接な関係がある。標本調査に必要なものは、調査票、記入の仕方、調査の手引のほか、調査対象名簿である。

調査票の属性情報（フェイス項目）は、性別、年齢など属性に関する質問である。クロス集計、仮説にかかわる項目の集計が追加される。質問項目には選択式と自由記入がある。質問文は、意識を問う設問、たとえば評価、意見、興味、意思などである。事実を問う設問は、現在の状況、過去の経験、知識などがある。調査企画に当たっては、まず、調査目的は何かを検討する。何のために、何を調査し、どのような結果を出すかについて仮説を立てて検討する。次に、属性、地域、時間をどうするかについて検討する。いつ存在する対象か調査基準日を設定する。いつのデータか調査対象期間を設定し、いつ調査を行うか実施時期・期間を決める。自由回答法では、質問に対して被調査者の回答をそのまま記入させる方法で、どんな仕事をしているかについて具体的に記入する。詳細な回答が得られるが、集計用のコード付けが必要である。

質問の用語と文章は、やさしい言葉や表現を用い、専門用語や流行語を避ける。質問文は簡潔にし、前文や修飾語は可能な限り入れない。質問は明確にし、誘導質問は回答にバイアスを与えるため避ける。質問の

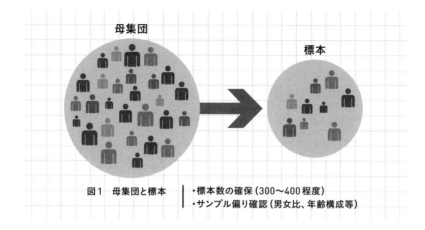

母集団

標本

図1　母集団と標本　　・標本数の確保（300〜400程度）
　　　　　　　　　　　・サンプル偏り確認（男女比、年齢構成等）

順序は、心理的抵抗がない質問から関連ある質問へと連続する。調査様
式と記入に当たっては、調査票様式の設問の順序、選択肢の順序、総額
記入、内訳項目記入、グループで1枚の連記か個人で1枚の単記かを決
める。記入方法は、用語の定義を調査時点間で比較し変更の有無を確認
する。

　調査票のチェックの際は、必要ないところに記入がある場合、必要な
ところに記入がない場合、あるはずのない大きさの数字が記入されてい
る場合、記入された内容の間や前回の記入内容との矛盾などを見る。

　標本調査を担当する調査員に求められるのは、調査事項に関する基本
的知識、回答者とのコミュニケーション能力、対象者の生活や考え方を
全般的に理解できる能力である。

●信頼できる統計情報の条件

　調査により収集したデータには誤差が含まれている。非標本誤差は、調
査方法の不完全さによる。この誤差は全数調査においても発生する。調
査の各プロセスで非標本誤差の発生の要因に対する十分な対応策を講じ
ることが必要である。非標本誤差の発生理由は、企画の不完全さに起因
する誤差で、その対策としては企画の段階での十分な検討が必要である。

調査対象は、可能な限り母集団をカバーし、偏らないように留意する。標本数を確保するため、督促を行う。調査誤差である回答誤差は、調査票の設計、調査員指導等で説明する。集計誤差は機械化などでカバーする。

●調査に必要な標本数

標本調査を実施するに際して、標本数を設定する場合、母集団が十分に大きい場合、相対精度と信頼係数に依存して必要なサンプル数が決まり、母集団の大きさにはほとんど無関係になる。標本数は、調査対象（母集団）が十分に多い（対象が概ね1万以上の）場合、400程度確保し、男女比、年齢構成、居住地域等で母集団とサンプルの偏りを確認する。標本の大きさは、標本誤差の大きさは標本数で精度が決まるが、標本誤差3%の場合は約1100サンプル、5%の場合は、400サンプル程度必要である。

小地域人口も時系列トレンドを見る際には、人口規模が小さ過ぎると、特定の事例による不規則変動が起こりやすい。不規則変動が比較的少ない人口10万人以上の規模で分析するのが適当である。

データを見る場合に留意する点は、統計の範囲を正しく知ること、一部項目集計値では推計漏れを疑う。項目の定義を正確に知る。皆が言っているデータや割合のみのデータは疑うことなどが挙げられる。

統計を扱う場合、統計の作成方法の特徴を正確に知ることである。方法が示されていない場合は、恣意的な方法でないかを疑う。統計の時点を正確に知ること、期間が明示されていない、期間が不一致な場合は疑う。さらに、ワークショップなど関係者でデータから得られた知見を確認する。

3 | 統計データを集め、現状を知る

客観的事実である統計情報は、異なる立場の人がまちづくりを議論す

る材料になる。小地域では、大規模施設の立地、撤退が小地域全体に影響を与える。たとえば、まちの中心地はどこかについて考えると、地域の状況は、人口動態（「国勢調査」）、労働や雇用状況（「国勢調査」）、産業構造（「経済センサス」、「工業統計」、「商業統計」など）で見ることができる。

　これらの状況について統計データによる定量的な検討を行い、ヒアリング調査により定性的な情報を整理する。複数の情報をマッチングすることにより課題を整理し、新たな課題を発見する手だてとする。

　検討の視点は、外からの目、知恵、意見の掘り起こし、話し合いのための材料提供のほか、補完的な視野・データの提供、近隣地、長期的な視野のデータ提供である。

　統計の利用目的に応じて適正な地域単位がある。集計単位である地域単位を究極に小さくすれば各世帯、各個人がその集計単位になってしまうが、これは個人情報の保護の観点から集計や公表はできない。たとえば、数世帯からなる小さな集落の人口や経済活動のデータを取り出し、それを集落に住んでいる方と議論しても、完全でない統計は不正確さばかりが明らかになり、新しい情報を提供することにはならない。地域単位が小さくなればなるほど、そこに住んでいる方々は生活実感として情報を把握している。小さな地域単位の小地域統計を整理して、住民の方に提示してもあまり意味がない。隣接集落との比較や時系列データを利用すれば、地域住民から見て、目新しいデータを提供できるかもしれないが、統計の本来の意味である全体像や平均値をみることとはやや矛盾する。数十世帯程度以上の集落が最も小さな小地域統計の集計単位である。

　出生数や死亡数、婚姻数、転入数など発生件数に関する統計は動態統計である。これらの発生頻度は必ずしも高くないため、集計単位が小さすぎる場合、観察期間は通常一年間で、偶然多くあるいは少なく発生したことは、トレンドではなく地域の特徴と判断されてしまう。1年間の発生件数ではなく3年間や5年間の発生件数を使って観察の期間を長くすること、集計単位を大きくすることにより解決することが重要である。

　小さすぎる地域を対象に将来人口を推計する場合、過去の人口動態指標の偶発的な変動が将来推計に反映される。この推計の場合、過去の人口動態の観察期間を長くすること、あるいは集計単位を 10 万人以上など一定以上の規模にすることなどを検討する。

4 ｜ 統計データを整理し、課題と目標を設定する

　統計データは、個々にばらばらになっていて特徴的な傾向や規則性が見えない現象でも、グループとして見た場合、この地域に多いとか、このグループが最近増えているとか、さまざまな傾向や規則性がデータによりわかる。まちでは、「どんな年齢の人が、どんなふうに暮らしているのか」、「どんな事業所がどのくらいあって、何人の人が働いているのか」、「どんなお店があるのか、売上は増えているか、減っているか」など課題がある。その中で、統計情報から、多くの切り口の見方、将来の希望が持てるデータ、人口や規模が同程度のまちの状況、まちの中心部の状況などについて、個々のニーズに応じてデータを整理し、現状の分析や他地域との比較分析を行う。さらに、データをマップやグラフで整理して政策課題を「見える化」することにより、異なる視点からまちの特性や変化を見ることができる。

　データを加工する視点は、全体を俯瞰し全貌を一目でつかむ視点、細部に着目し、注目ポイントをフォーカスする視点、潮目を読む時間の経

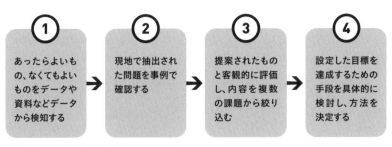

図2　まちづくりワークショップの進め方例

過を意識した視点などが挙げられ、これらの組み合わせによりまちの動向を見る。たとえば、まちの課題として、まちに残したいもの（自然環境と緑など）、まちに残したくないもの（危険な場所など）の調査を考える。人口・世帯や事業所の状況のデータのほか、現地及び周辺調査、ヒアリング調査では、関係者や有識者の意見収集、現場調査を必要に応じて実施する。

　まず、データを見ることでまちの様子や変化を感じることができる。気になるものは、データで同じ軸の取り方でグラフ化し確認する。データを時系列で収集し加工すると、増減率など変化率のほか、実数の変化を見ることにより異なる切り口でまちの現状を把握できる。まちの動きを現場で見ることによりまちの課題を再確認することが、まちを見る第一歩である。

　統計データから地域の強みや地域の弱みを発見し、それらを組み合わせることにより地域の課題を見ることができる。個々にはばらばらになっていて特徴的な傾向や規則性が見えない現象でも、グループとして見た場合、この地域に多いモノやヒト、このグループが最近増えているとか、さまざまな傾向や規則性を統計により見出すことが新たなまちづくりのヒントにつながる。データから地域資源を発掘できれば、統計情報を活用した分析事例の蓄積とデータの普及につながる。

Column

地域の課題抽出のための
データ収集と加工

芦谷恒憲

デ　ータからまちの課題を抽出する方法として、経済圏や都市の中心地域とその周辺地域の関係から実態を把握するため、数値のグラフ、マップ、フロー図による「見える化」がある。収集、加工した各種データから実数、増減率、寄与度、相関関係分析等のデータから実態を把握し、地域を類型化することにより、出生、死亡や移動等の人口動態や高齢化率等の人口構造などのデータを整理し、課題を可視化できる。まちの課題がどこにあるか、まちで何が起きているか、課題解決に向けてどうすればよいかの可視化には、調査データのグラフ化や地図化がわかりやすい。

　政策課題を分野別に見ると、健康では、平均寿命のほか、介護認定を受けない生活である健康寿命を見ることにより、課題と対策が検討できる。

元気な高齢者の定義付けと定量化をすることにより、評価指標として利用することができる。高齢者の学習・研究、ボランティア、趣味・娯楽等の行動時間の分析から課題を見出すことができる。

　住居対策では、空き家率のほか、空き家予備軍の単身後期高齢者世帯の把握により対策を検討することができる。

　少子化対策では、対象となる子育て世帯について、世帯主が20歳代後半から30歳代の世帯の就業と所得との関係を見る。子どもの数と世帯所得、母親の就労の有無や就業先と職住の近接状況、三世代同居等の関係のほか、未婚者の職業・住居・収入等、既婚者と未婚者の年齢階層別相違点分析などが挙げられる。

　人口移動対策では、通勤、通学等

(参考)「兵庫のすがた」URL
https://web.pref.hyogo.lg.jp/kk11/ac08_1_000000220.html

の活動人口、訪問客等関係人口を見ることにより、まちの活動量を見る。交通移動距離、中心地からの時間等アクセス状況もまちの活動量を見るための指標になる。就職とUターン移動は、進学、就職等による20歳から30歳代の社会移動数、出生地域等へのUターン者数など社会移動の状況を見る。

経済・産業の対策では、事業所・企業の開業、廃業状況等事業所の特性、開廃業率等を見ることにより、経済活動量を見ることができる。

データをグラフ化すると、全体の分布状況や地域間のばらつきを見ることができる。さらに層別化してグループ間の特徴を比較すると、収集したデータを整理しグラフを作成し特徴を見ることができる。

円グラフは、割合を示し、大きい要素から並べる。要素は5個以内が見やすい。

棒グラフは、大きさ、量を比較（重ね表示、積み上げ表示）する。見やすい太さにして、ゼロを表示し、文字が多い場合は横棒、変動が小さい場合は下部に表示する。

折れ線グラフは推移を示す。折れ線は4本以内が見やすい。突出データは、一部の目盛りを略し、目標値（基準値）表示とすると見やすい。

グラフは、データの動きをわかりやすく伝えることができるが、分散が大きい、値が小さい、値が多過ぎる、わずかな変化のデータがある場合は、目盛り線の変更などデータ作成時に留意する必要がある。

Column

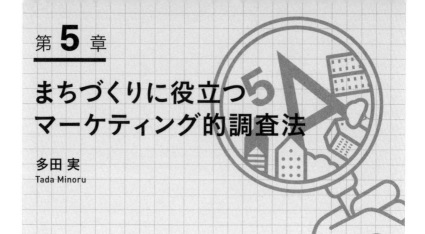

第5章

まちづくりに役立つ
マーケティング的調査法

多田 実
Tada Minoru

1 | ソーシャル・マーケティングとは

　ここからは、まちづくりに統計学を活用するために有用なマーケティングリサーチ（marketing research）に関する手法や方法論を紹介していくことになるが、その基になるマーケティングに関する基礎概念も随時紹介しながら、その活用法について解説する。そもそも、マーケティング（marketing）と言えば、企業経営に関わる諸活動の総称であり、最終的には利益の向上につながる概念（理論や手法）を指す。マーケティング発祥の地、米国のマーケティング協会（AMA；American Marketing Association）は、マーケティングを次のように定義している。

全米マーケティング協会（AMA：1985 年）の定義

Marketing is the process of planning and executing the conception, pricing, promotion and distribution of ideas, goods and services to create exchanges that satisfy individual and organizational objectives.

マーケティングとは、個人や組織の目標を満足させる交換を創造するための、アイデア・製品・サービスのコンセプト、価格、プロモーション、流通を計画し、実行するプロセスである。

　これは伝統的なマーケティングの定義で、価格やプロモーションなど「製品志向」を示唆しており、マーケティングのフレームワークとして有

名な「〈4P〉：製品（Product）、価格（Price）、流通（Place）、販促（Promotion）」が直結する形で定義に使われていたが、2004 年に改定された定義[*1]では「価値（value）」が、さらに 2007 年の改定[*2]において「社会全体（society at large）」がマーケティングを定義するための新たなキーワードとして追加されたことは大変興味深い。すなわち、企業経営において直接の対象となる顧客やクライアントのみならず社会全体もその対象であると改定されていることから、現在のマーケティング関連の諸活動には、営利目的の活動だけではなく社会貢献につながるような公共性の高い活動も含まれていることがうかがい知れる。

　このような定義の変遷は、社会全体におけるマーケティングの概念や活用法が変化してきたことに連動しているが、とりわけ「社会を良くするためのマーケティング」のことをソーシャル・マーケティング（social marketing）と呼ぶことがある。マーケティングの世界的権威コトラー（Philip Kotler）教授は、2009 年の著作 "Up and Out of Poverty: The Social Marketing Solution"（日本語訳書『コトラー ソーシャル・マーケティング 貧困に克つ 7 つの視点と 10 の戦略的取組み』）を出版しているが、さらにその数年前の 2006 年に、"Marketing in the Public Sector: A Roadmap for Improved Performance"（日本語訳書『社会が変わるマーケティング─民間企業の知恵を公共サービスに活かす』）において、〈社会を変える方法＝ソーシャル・マーケティング！〉として、民間企業で顧客満足を高め、売上と利益を上げるために使われてきたマーケティングを公共分野に活用して社会に変革をもたらすことを提案している。そして、近年、話題になることが多い環境問題に主眼を置いたコトラーの著作 "Social Marketing to Protect the Environment: What Works（2012）" が（2019 年に日本語訳書『コトラーのソーシャル・マーケティング：地球環境を守るために』として）出版されている。

　まちづくりにおける統計学の利活用（マーケティングリサーチによる問題発見解決アプローチ）を実践するにあたり、ソーシャル・マーケティングの概念が重要であることを示すため、マーケティングの定義の変遷から始め、マーケティング研究の大家コトラーによる関連著作を紹介したが、ソー

シャル・マーケティングの定義[*3]や意義などについては、もちろん、コトラー以外の研究者によっても様々な解釈や論争が交わされており、これらの学術的な議論については、水越・日高による論文「ソーシャル・マーケティング研究における理論的視座の再検討[*4]」に解りやすくまとめられている。

2 | 地域活性化のマーケティングリサーチ

　まちづくりに代表される地域活性化のために必要なマーケティングリサーチを実践するには、まずどのような問題解決アプローチで臨むのかを明らかにし、それに必要なデータを収集、その分析結果を利活用して、ソーシャル・マーケティングに役立てるという流れが望ましい。このとき、どのような問題解決アプローチが良いのか定まらないような状況の場合は、上述したコトラーのソーシャル・マーケティングの書籍で紹介されている公共マーケティングのいくつかの成功例から学べるケーススタディを理想的な成功のイメージとして踏まえて、具体的な到達目標（ゴール）を定めることができることもあるだろう。とにかく、明確な方法論や目標抜きにデータ分析することは、時間と費用の無駄遣いにしかならないので、何のためにマーケティングリサーチを行うのか、常に肝に銘じておかなければならない。そこで、以下にそのヒントとなるようなマーケティングリサーチ的問題解決アプローチを、マーケティング1.0 ～ 3.0 やそれ以降に登場した概念なども含めて、3 つの視点に基づく分析アプローチ〈① 4P 戦術的、② STP 戦略的、③その他（価値主導型など）〉に分類し、紹介していくことにする。

① 4P 戦術的アプローチ

　マーケティングの定義で紹介した 4P（Product、Price、Place、Promotion）に代表される伝統的なマーケティングの概念は「マーケティング 1.0」と呼ばれ、製品志向のアプローチと言えるが、地域活性化で使えそうな地

域の特産物や名産品、観光地などを地域が誇る「製品」として対応づけることによって、いわゆるB級グルメや地ブランドの販売促進、観光名所のブランド化（ブランディング）を目標とするアプローチが考えられる。

　この問題解決アプローチでは、既存の「製品」に対して、比較的時間をかけず短期的に実現できる到達目標を設定するため、戦術的（tactical）[*5]な取り組みになることが一般的である。たとえば、全国的に知られていない名産品があるのならば、その価格設定や販売方法（店舗や通販）をどうすればいいかを探るためのアンケート調査を実施したり、他の地域でのヒット商品のデータ分析を行って比較検討したりして、売り出したい商品の魅力を再度確認し、最終的にはポスターやPV（Promotion Video）動画などの広告物を制作することによって販促キャンペーンを実施するといったアプローチが考えられる。制作したPV動画は、自治体のホームページなどインターネット上に公開されることが一般的であるが、YouTubeやTwitter、InstagramなどのSNSで公開すれば、世界的なアピールとなることも期待できる。

② STP戦略的アプローチ

　マーケティングを歴史的に分類したとき、「マーケティング1.0」と称される1960年代から存在するフレームワーク「4P」は21世紀の今もなお消えることなく至る所で用いられているが、石油ショックによる物価上昇・景気後退で買い控えがより顕著になった1970年代には、製品ではなく顧客（消費者）中心の「マーケティング2.0」と呼ばれる新たな概念が登場した。その中心となる考え方は、STP（Segmentation、Targeting、Positioning）と呼ばれる分析アプローチで、まず市場（マーケット）を性別や年齢、地域性や国民性、所得や職業などを「切り口」としてセグメント（切り取られた領域）に細分化し（Segmentation）、さらにそこに属するターゲットを具体的な形で絞り込む（Targeting）[*6]。そして、競合する商品やサービスとの差別化を考えるために、その商品の市場における位置づけ（Positioning）を考えるのである。

　このような一連のプロセス S → T → P は、既存の商品の販促などではなく、新規に商品やサービスを開発するときに重要となってくる、ある程度中長期的に取り組む覚悟が必要な、戦略的（strategic）分析アプローチになると考えるのが自然だろう。また、このとき、マーケティング 1.0（4P戦術）よりもマーケティング 2.0（STP戦略）を先に行うのが得策であることは、商品やサービスの新規開発において、作れば売れる時代は終わっているため、他との差別化をまず考えるべきであるという状況から明らかであろう。

　実際の STP 分析では、プロセスを逆向き（S ← T ← P）にして、ポジショニングから考え始める方が、商品コンセプトの設定などに役立つこともある。ポジショニングは縦軸と横軸に設定する二つの項目の数値データを入手できれば、それぞれの項目に対応する座標から「散布図」の描画ができるので、そのプロットエリアを四分割すれば「ポジショニングマップ*7」が完成する。あとは、このマトリクス図から理想的なポジションを見出し、それを基にしてターゲットを絞り込み、彼らに訴求するブラン

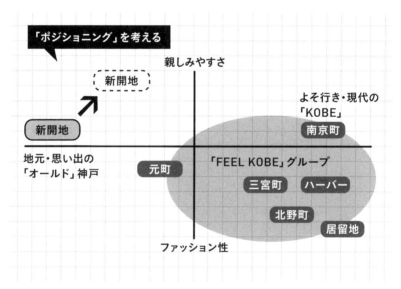

図1　神戸の典型的な繁華街や観光地のポジショニングマップ
（出所）経済産業省人材育成プロジェクト「街元気」より
https://www.machigenki.go.jp/content/view/1008/324/

ディングなどを考えていく。たとえば、**図1**は、経済産業省による人材育成プロジェクト「街元気[*8]」で分析された、神戸を対象とした地域のポジショニングマップで、ここでは新開地という「商品」が今後どのようなビジョンでまちづくりをしていくべきか、このポジショニングマップから考察されており、STPのポジショニング戦略による地域活性化マーケティングの実践的な事例[*9]として大変興味深い。

③その他（価値主導型など）の分析アプローチ

　1990年代から普及し始め、2000年代になって特別ではないユーザーがインターネット上に個人的な情報を手軽に発信できる「Web2.0」と呼ばれる時代が到来したことにより、消費者の購買行動にも大きな変化が生じた。このことはしばしば「AIDMA（アイドマ）[*10]」から「AISAS（アイサス）[*11]」へ購買行動モデルが変化したと説明される。前者AIDMAは「記憶」に残るテレビCMや新聞広告などが効果的であった時代であり、後者AISASはインターネット上での情報が購買行動に大きな影響を与えていることを「検索」や「共有」という語からうかがい知れる（それぞれの頭文字の英単語は注10と11を参照されたい）。

　このようなインターネットを取り巻く環境の変化に伴い、価値主導型（value-driven）マーケティングとも呼ばれる「マーケティング3.0」が登場した。これまでの「製品開発」や「差別化」がそれぞれのキーワードだったマーケティング1.0と2.0に、新たなキーワードとして、人間の精神的な部分に触れる「価値」が追加されたのである。この新たなコンセプトには、世界をより良い場所にするという大きな目的が含まれているため、上述したソーシャル・マーケティングの概念を包含していることになり、社会貢献の意味合いが強いマーケティングの概念と言える。それでは、価値主導型アプローチでまちづくりのような地域活性化を考えるとき、具体的にどのような手法や概念が使えるのか。以下にマーケティング3.0とその周辺に存在するような考え方も紹介していくことにする。

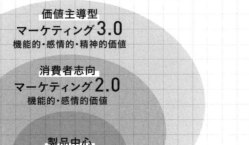

図2　マーケティング1.0、2.0、3.0における価値の包含関係
(出典)『コトラーのマーケティング3.0』(朝日新聞出版)より著者作成

　まず、「価値」について注目すると、マーケティング1.0では製品の「機能的」価値、マーケ2.0では「機能的」に「感情的」が加わって「機能的・感情的」になり、さらにマーケ3.0では「精神的」が追加された「機能的・感情的・精神的」価値を考慮することになる**(図2)**。要するに、従来のマーケティングで培われた機能性の良さや感動を与えるような要素を踏まえ、たとえばある地域に名物や名所があれば、その価値をどのようにすれば精神的な価値（その人の魂を揺さぶるぐらい）まで昇華させられるかを検討すればよい。そのために使える関連手法をいくつか紹介すると、「共感マーケティング」「感情マーケティング」「体験型マーケティング*12」「ホスピタリティ・マーケティング」などが挙げられる。そして、実行したマーケティング活動にどれ程の効果があったか、通常の満足度を量るようなアンケート調査に加えて、インターネット上での評判をSNS（Twitter、Facebook、Instagramなど）での書込み（タグ）数や拡散（リツイートやいいね）数などからも調べることが、昨今のマーケティングリサーチにおいて非常に重要であることは言うまでもない。

第Ⅰ部

第Ⅱ部

第Ⅲ部

まちの現状を知り、課題を発見する

インターネット、とりわけSNSからスマートフォンで自分の欲しい情報が簡単に手に入るようになった2010年代以降のことを、コトラーは「デジタル革命の時代」と呼び、その時代に合った新たなアプローチとして「マーケティング4.0」を提唱した。コトラー本人が様々なインタビューなどで「それは自己実現のマーケティングである」と語ったことから、〈マーケティング4.0＝自己実現のマーケティング〉ということが前面に出てきてしまっているが、その本質を理解するには、消費者の購買行動モデルがAIDMA（アイドマ）やAISAS（アイサス）（繰り返しになるが、各頭文字の英単語は注10と11を参照されたい）から、その現代版と呼ぶにふさわしい「5A[*13]」に変わったということ抜きには語れないことを強調しておきたい。

　この新しく示された消費者行動プロセス[*14]において注目すべきは、最後のゴールと言える「Advocate（推奨・奨励）」で、この段階まで到達した顧客は商品やサービスなどの良さをインターネット上（SNSや通販サイトなどでの書込み）で話してくれる、企業にとって有難い「推奨者」となり、この形が現在のマーケティングでは1つの理想形に他ならないということである。

　これについても、使える関連手法をいくつか紹介すると、「SNS[*15]マーケティング」、「口コミ[*16]マーケティング」の他、スマートフォンを使いこなす層をターゲットとするならば「若者マーケティング」なども調べる価値があるだろう。また、ここ数年、顧客心理を重視したユーザー主体型の「ナラティブ[*17]・マーケティング」と呼ばれる手法も注目されるようになった。

　さらには、地域の現場に足を運んでもらうために景品を出したり、スタンプラリーのようなイベントを開催したりできるのならば「O2O[*18]（オー・ツー・オー）マーケティング」が使え、家の外で接触するOOH（Out Of Home）メディアが、今後、スマートフォンをIoT（Internet of Things；モノのインターネット）のツールとして屋外広告と連携させるような新たな取組みに発展する可能性も感じられる[*19]。

3 | フィールドワークにおける定性調査

マーケティングの世界でよく耳にするキーワード「コンシューマー・インサイト（consumer insights）」とは（直訳すると「消費者洞察」となるが）、消費者の心の奥底に潜んでいるような本音や欲求を見つけ出すこと、さらには、本人がそのことに気づいていない場合はその良さや魅力の気づきを与えること、と拡大解釈することができる。ところが、マーケティングリサーチで明らかになるニーズは、消費者（地域活性化では「来訪者」に該当する）が何を求めているか、ある程度、予想できるような顕在的な（目に見えているような）モノやコトであることが多いが、誰もが気づいていないような潜在的な価値[*20]を見出すにはどうすればいいのだろうか。

心理学の世界には「ジョハリの窓（Johari Window）[*21]」と呼ばれる対人関係や自己分析で使われるモデルがあり、「自己」と「他人」それぞれで「わかっている」「わかっていない」と2通りに分類し、自分の長所や短所を考えるので、2×2の4つの領域が図として示されるが、これを地域活性化版に改変するため、「自己」・「他人」をそれぞれ「地元民（部内者）」・「来訪者（部外者）」に置き換え、**図3**に示す「地域活性化版」を作成した。

この改変したジョハリの窓において、地元民だけが知っている価値は「秘密の窓」に、来訪者が望んでいる顕在的な価値に地元民が気づいていないものは「盲点の窓」に位置づけられる。「盲点の窓」に分類される価値については、一般的なマーケティングリサーチの手法で明らかにすることが可能であるが、ここで重要な「未知の窓」、すなわち、地元民も来訪者も気づいていない価値を明らかにするには、アンケート調査に代表される定量的な調査方法（quantitative observation）では自ずと限界があり、定性的な調査や観察（qualitative observation）が必要となってくる[*22]。

定性調査と言えば、インタビュー[*23]やヒアリング調査がその典型的な方法として知られているが、地域活性化を考える現場でフィールドワークを実施できるのであれば、「行動観察（observation study）」による定性調査

図3　地域活性化版ジョハリの窓
（出典）松波「行動観察をイノベーションへつなげる５つのステップ」『ハーバード・ビジネス・レビュー』（2014年8月）をもとにして地域活性化版に著者改変

も実施してみてはどうだろうか。元来、文化人類学の手法であった「エスノグラフィー（ethnography）」が、近年、「心理マーケティング」における消費者理解のための行動観察の一手法として注目されている。

　エスノグラフィーは、特定のデータ収集の方法や手順などがあるわけではないのだが、フィールドワークの技法としてしばしば紹介される「フィールドノーツ（fieldnotes）」を用いて（メモを取ることで）現場の様子を記録することは不可欠であろう。それに加えて、可能であれば、現場でのヒアリング調査なども行い、GPS（全地球測位システム）のデータとともに写真や動画の撮影もしておきたい。これらは、調査後のデータ整理や分析に役立つことは言うまでもなく、マーケティング 3.0 が目指す「精神的な価値」が、案外、何気ない所からエモーショナルさが感じられて見つかることもあるだろう。地域活性化版「未知の窓」を開けたければ、現場に「参与観察」として赴き、エスノグラフィーを実践されることを推奨する。

*1 Marketing is an organizational function and a set of processes for creating, communicating, and delivering value to customers and for managing customer relationships in ways that benefit the organization and its stakeholders. (AMA2004)

*2 Marketing is the activity, set of institutions, and processes for creating, communicating, delivering, and exchanging offerings that have value for customers, clients, partners, and society at large. (AMA2007)

*3 ソーシャル・マーケティングや公共マーケティングの同義語として、ソサエタル・マーケティング (societal marketing) や非営利マーケティング (nonprofit marketing) などが用いられることもある。

*4 日本商業学会 第1巻第1号 (2017) 33-39 ※下記URLから閲覧可能 https://www.jstage. jst. go. jp/article/jsmdreview/1/1/1_33/_html/-char/en

*5 名詞は「戦術 (tactics)」なので、「作戦」研究のようなイメージ。

*6 ターゲットとなる架空の人物像の詳細をきめ細やかに設定して戦略策定などに役立てる「ペルソナ・マーケティング」と呼ばれる手法がある。

*7 他にも「ポジションマップ」「知覚マップ」といったキーワードでウェブ検索すれば、多種多様なポジショニング戦略のマトリクス図が見られる。

*8 主催：経済産業政策局中心市街地活性化室、事務局：野村総合研究所。

*9 このWebページでは、神戸の新開地の他にも、滋賀県草津市のポジショニング戦略が紹介されていて、以下のURLから閲覧 (PDF文書のダウンロードも) できる。https://www.machigenki. go. jp/content/view/1028/324/

*10 A (Attention；認知・注意) → I (Interest；興味・関心) → D (Desire；欲求) → M (Memory；記憶) → A (Action；行動)

*11 A (Attention；認知・注意) → I (Interest；興味・関心) → S (Search：検索) → A (Action；行動) → S (Share；共有)

*12 関連キーワードに「コト消費」がある (マーケティング1.0時代は「モノ消費」)。

*13 Aware (認知・気づき) → Appeal (訴求・魅了) → Ask (尋ね・調査) → Act (行動・購買) → Advocate (推奨・奨励)

*14 この一連のプロセスを「カスタマージャーニー」と呼ぶことがある。

*15 若者に人気のインスタグラムに特化させたマーケティングも存在し、訴求力のある投稿者は「インフルエンサー」と呼ばれる。

*16 別名「バズ (buzz) マーケティング」や「WOM (Word Of Mouth)」。

*17 ナラティブ (narrative) とは、一般的な物語 (ストーリー) とは異なる自分の体験を基にした語りを意味する。

*18 「ネットから現場へ」を意味するOnline To Offlineの略称。

*19 世界中から最先端の広告が南フランスのカンヌに集まる広告祭「カンヌライオンズ」では、毎年「アウトドア (outdoor) 部門」として、興味深い屋外 (野外) 広告がエントリーされている。

*20 「顕在ニーズ」に対して「潜在ニーズ」と呼ばれることもある。

*21 1955年にアメリカの心理学者ジョセフ・ルフトとハリー・インガムが考案した (ジョハリという名称は二人の名前ジョセフとハリーから命名)。

*22 定量調査と定性調査の両方を組み合わせて行うことをハイブリッド調査 (hybrid observation) と呼ぶことがある。

*23 複数人 (10名未満) のグループで実施するグループインタビュー (グルイン) や、他にも「デプス・インタビュー (深層面接法)」などが有名。

参考文献

◉梅津 (2015)『心理マーケティングの基本』日本実業出版社
◉コトラー・リー (2007)『社会が変わるマーケティング—民間企業の知恵を公共サービスに活かす』英治出版
◉コトラー・リー (2010)『コトラー ソーシャル・マーケティング 貧困に克つ7つの視点と10の戦略的取組み』丸善出版
◉コトラー・カルタジャヤ・セティアワン (2010)『コトラーのマーケティング3.0—ソーシャル・メディア時代の新法則』朝日新聞社
◉コトラー・カルタジャヤ・セティアワン (2017)『マーケティング4.0—スマートフォン時代の究極法則』朝日新聞社
◉コトラー・モーア・リー・シュルツ (2019)『コトラーのソーシャル・マーケティング—地球環境を守るために』ミネルヴァ書房
◉ベルク・フィッシャー・コジネッツ (2016)『消費者理解のための定性的マーケティング・リサーチ』碩学舎・中央経済社

Column

データ分析の基礎知識

芦谷恒憲

●集めた統計情報の読み解き方

データの特徴を見るときは、まず平均値を見る。たとえば平均気温は過去30年の観測値の平均値で、10年ごとにデータが更新される。データの代表値である平均値はデータの特徴を代表する数値である。

算術平均はデータの総和をデータ数で割ることにより作成される。たとえば、テストの平均点が（57点＋90点＋66点）／3＝71点だった時、71点は全体を単純化した代表値である。平均値と実感については差が生じることがある。例えば貯蓄額（2人以上世帯、「家計調査」2014年平均）は平均値1798万円、中央値1052万円となっており、平均値を下回る世帯が67.6％あって実感との乖離が大きい。

トリム平均（刈り込み平均）は、両端のデータを除いて平均をとる方法で極端な値（はずれ値）を計算対象から外して計算する。体操などスポーツ競技の採点では複数の審判が判定するが、最大値と最小値は平均値計算から除外し、得点が計算される。

加重平均は、各測定値に一定の重みを付けて平均する。つまり、同じデータの個数を重みとして計算するのである。たとえば、平均点がAクラスは90点、Bクラスは85点、Cクラスは50点とする。Aクラスの生徒数50人、Bクラス45人、Cクラス30人を考慮すると、加重平均は（（90×50）＋（85×45）＋（50×30））／125≒79点である。

中央値は、データを順番に並べたときの真ん中の値である。極端に大きな値が含まれているデータでも安定した値になる。

統計数字に惑わされないためには、
●統計の範囲を正しく知る
●データを見る場合、一部項目集計

値の推計漏れについて精査する

●パーセントなど割合のみのデータは、項目の定義を正確に知る

●計算方法が示されていない場合は、作成者独自の計算方法による場合があるため、統計の作成方法の特徴を正確に知ることが重要である。

表　平均値の計算例

項目	Aクラス	Bクラス	Cクラス	計
平均点	90点	85点	50点	79点
人数	50人	45人	30人	125人
ウエイト	40%	36%	24%	100%
全体の平均	90点×40%	85点×36%	50点×24%	計79点

▶統計表で用いられる主な指標

変化率：統計数値を時系列で見て、変化の大きさを表す。例えば、ある時期（期間又は時点）の数値を分子、前の時期を分母とした比率は「対前期比」である。

$$\text{対前年（度）} \atop \text{増加率（%）} = \frac{\text{当年（度）の計数} - \text{前年（度）の計数}}{|\text{前年（度）の計数}|（絶対値）} \times 100$$

※前年（度）の数値がマイナスの場合、プラス値に変換し、計算する。

寄与度：物価指数や家計消費支出のような、ある一組の複合的な事象を対象とした数値の時系列において他の内訳が変化しないものとした場合に、特定の内訳の変化が全体をどの程度の割合で変化させたかを表す場合に用いる。

$$\text{増加} \atop \text{寄与度（%）} = \frac{\text{当年度}\atop\text{当該計数} - \text{前年度}\atop\text{当該計数}}{\text{前年度計数の合計}} \times 100$$

寄与率：全体の変化分に対するある内訳の変化分の構成比を表す場合に用いる。

$$\text{増加} \atop \text{寄与率（%）} = \frac{\text{当年度}\atop\text{当該計数} - \text{前年度}\atop\text{当該計数}}{\text{当年度計}\atop\text{数の合計} - \text{前年度計}\atop\text{数の合計}} \times 100$$

Column

第6章

小地域統計とまちづくり

芦谷恒憲
Ashiya Tsunenori

　統計は、まちづくりに取り組む上で重要な情報である。人口や経済など関連する複数の項目を組み合わせ、地域課題を浮かび上がらせることが、まちづくりのための統計分析である。これらのデータから、今まで気づかなかった課題が数値で裏打ちされ、新たな発想でまちづくりを考えることができる。

　まちの現在を見る材料は、データと集計値であり、データによりまちの課題に社会の目を向けさせる。収集したデータの加工は、原データを意味ある数値に変換し、地域社会の特徴をあらわすデータをつくる。明確な情報や信頼できる統計を作成すれば、地域経済活動を示す地図ができる。地域で何が起きているかを議論する材料にもなり得るし、経験の評価、現在のスナップや未来の趨勢を描くことにより、その変化の要因を分析し、まちの今後を考える情報を提供できる。

　2000年以降、平成の大合併により基礎的自治体の規模が広がったため、市町単位のデータでは地域の実情が捉えにくくなった。まだら模様の地域を分析するため、市区町より小さい区分である町丁・字ごとの集計や1km四方メッシュといった地理的区分の統計での分析が増えている。地域統計を扱う場合、分析の手法や見せ方により異なる印象を与えることがあるため、情報を発信する側と受け取る側双方に統計分析に関する知識が必要である。

表1　公的統計における地域別集計の表象区分状況

区分	大規模 全数調査	中規模 サンプル調査	小規模Ⅰ サンプル調査	小規模Ⅱ サンプル調査
全国	○	○	○	○
地域ブロック	○	○	○	―
都道府県	○	○	―	△
（地域経済圏）	○	○	―	―
政令指定都市	○	（○）	―	○県庁所在市
市町村	○	―	―	△県庁所在市
（合併前旧町村）	○	―	―	―
公的統計調査例	国勢調査	全国消費実態調査	家計消費状況調査	家計調査

（注）○：地域データがある、△：地域データがない場合あり、―：地域データなし

表2　主要指標（全国と兵庫県）

項目	単位	全国	兵庫県	全国比 （%）	順位	調査 年月日	資料
総面積	km²	377,970.75	8,400.96	2.2	12	2015.10.1	国土地理院 「全国都道府県市 区町村別面積調」
総人口	千人	127,095	5,535	4.4	7	〃	総務省統計局 「国勢調査」
総世帯数	千世帯	53,449	2,315	4.3	8	2015.10.1	総務省統計局 「国勢調査」
民営事業所数	事業所	5,541,634	224,343	4.0	7	2014.7.1	総務省統計局 「2014年経済セン サス基礎調査」（確 報）
民営事業所 従業者数	人	57,427,704	2,215,370	3.9	7	〃	〃
製造業事業所数 （従業者4人以上）	事業所	202,410	8,710	4.3	6	2014年	経済産業省 「工業統計調査」
製造品出荷額等 （従業者4人以上）	億円/年	3,051,400	148,884	4.9	5	〃	〃
商業事業所数 （卸売・小売業）	事業所	1,407,235	56,981	4.0	7	2014.7.1	経済産業省 「商業統計調査」
商品販売額 （卸売・小売業）	億円/年	4,788,284	121,079	2.5	8	2014.7.1	〃
県（国）内総生産 （名目）	億円/年度	4,896,234	197,881	4.0	7	2014年度	内閣府「国民経済 計算」、兵庫県「県 民経済計算」

1 | 小地域統計データの概要

　地域の特徴は、山川の配置など地勢や人口（昼間と夜間の人口と世帯と年齢分布）のほか、地域に立地する産業基盤や地域にある生活施設基盤などで見ることができる。

　平成の大合併（2000年～2010年）で合併した市町では、1郡が1市または1町になり、市町域が広域化した。合併後の市域を見ると、旧市域の都市的地域もあれば、旧市の周辺部である沿海部の漁村や内陸の中山間地域もある。統計は、地域社会の構造や変化など、目的をもって時間や場所などの一定の条件で定められたグループを対象に調べ、集めたデータを集計、加工し作成された数値である。グループを構成する個人や事業所など特定の性質を数値として捉え、会社などの事業所や世帯などグループとして把握することで、個々にはばらばらになって特徴的な傾向や規則性が見えない場合でも、グループとして見ると、この地域に多いとか、このグループが最近増えているなどの傾向がわかる。

　市区町村という行政区画よりも小さな地域の単位で集計されたものを「小地域統計」という。これにより人口や世帯の分布パターンや近年のトレンドなど地域の実態をより詳細に捉えることができる。さらに、当該地域周辺や行政区域全体の平均と比べることにより、当該地域の特徴

表3　基本的なまちの状況を見るデータ

区分	項目
人口や就業の状態	地域の人口・世帯の状況
	人口動態（出生・死亡）、社会動態（転入・転出）の状況
	地域で働いている人（労働力）の状況
	工場（製造業）、商店（商業）、その他（サービス業）など
事業所や企業の状態	地域内の事業所や工場、店舗の状況
	面積、地形の状況（山、川等）
	公共施設や集客施設の状況（年間利用者数）
	公共交通の状況（鉄道、バス等）など

が見えてくる。例えば、広い市域内で開発が進み、市全体の人口は増えても、小学校区や町丁字ごとに虫の目で見れば、この校区では減少地域があるなど、まだら模様に見える場合がある。そのため、市町域で平均化すると増減の状況が見えなくなってしまう地域の諸課題を小地域統計データから発見することが重要である。

　現在、入手できる多くの統計調査の集計表は、最小集計単位が市区町村である。きめ細かな地域課題を考えるには、さらに小さい地域単位での情報が必要である。町丁・字別という小さな地域単位は、人口構成や世帯状況の変化を見るのに適しているが、経済活動が広域化している事業所や商業の実態を調べるのには適さない。小地域統計データからわかる事実を見ることで、小地域の現状の課題が共通認識となれば、新たな視点でまちづくりの議論ができる。

表4　統計データの地域区分

区分	内容
基本単位区	住居表示実施地区：一つの街区
	住居表示未実施地区：道路、河川、鉄道などで区切られた範囲
町丁・字	市区町村内の町、丁目、字に対応した地域で基本単位区コード（9桁）先頭6桁が対応
市区町	行政区域（市区町域）、市区町番号により区分
都道府県	行政区域（47都道府県）、都道府県番号により区分

（注）調査時により区域変更があるため、集計地域区分の確認が必要

表5　兵庫県内地域別主要指標

区分	地域	人口 2015.10.1		面積 2015.10.1		名目GDP 2014年度		農業産出額 2014年		製造品出荷額等 2014年		年間商品販売額 2013年	
		人	構成比%	km	構成比%	億円	構成比%	億円	構成比%	億円	構成比%	億円	構成比%
兵庫県		5,534,800	100.0	8,401	100.0	197,881	100.0	1,469	100.0	148,884	100.0	121,079	100.0
神戸市		1,537,272	27.8	557	6.6	63,701	32.2	143	9.7	28,318	19.0	48,503	40.1
阪神地域	阪神南	1,035,763	18.7	169	2.0	32,210	16.3	10	0.7	16,273	10.9	20,206	16.7
	阪神北	721,690	13.0	481	5.7	19,541	9.9	70	4.8	13,029	8.8	9,134	7.5
神戸・阪神 地域計		3,294,725	59.5	1,207	14.3	115,452	58.4	223	15.2	57,620	38.7	77,842	64.3
東播磨 地域	東播磨	716,633	12.9	266	3.2	26,732	13.5	60	4.1	33,545	22.5	11,390	9.4
	北播磨	272,447	4.9	896	10.7	10,194	5.2	179	12.2	11,857	8.0	4,861	4.0
西播磨 地域	中播磨	579,154	10.5	865	10.3	23,534	11.9	82	5.6	26,513	17.8	16,083	13.3
	西播磨	260,312	4.7	1,567	18.7	8,862	4.5	210	14.3	10,215	6.9	3,970	3.3
播磨地域計		1,828,546	33.0	3,594	42.9	69,322	35.1	531	36.2	82,130	55.2	36,303	30.0
但馬地域		170,232	3.1	2,133	25.4	5,513	2.8	211	14.3	2,795	1.9	3,175	2.6
丹波地域		106,150	1.9	871	10.4	3,310	1.7	127	8.6	4,666	3.1	1,534	1.3
淡路地域		135,147	2.4	596	7.1	4,284	2.2	378	25.7	1,673	1.1	2,224	1.8
資料		国勢調査		国土地理院 面積調		市町民経済計算		農林業センサス 推計		工業統計		商業統計	

2 ｜ まちの変遷を見る

　データは、複雑な現実をある特定の側面からとらえた数値であり、一つの数字だけで判断すると間違った解釈をする場合がある。現実に起こる問題の構造をデータで捉え、まちの変遷ぶりを念頭に入れ、関連する複数の統計と調査を組み合わせ、実際にまちを歩き、住民と意見交換し、データと地域の実態とリンクした情報をもとに分析する。

　10年以上の時系列データを見ると、特定の年が大きな変化を示すことがある。たとえば、大規模団地が開発されて市外からの転入者の増加により人口が急増、工場が市外に移転、近隣に大規模ショッピンセンターがオープンしたことなどが考えられる。

　まちを分析する上でチェックすべきことは、鉄道駅や道路、航路など

の開設や廃止、大型店等の商業施設の開店や閉店、住宅団地や入居型施設の開発、移住者の推移、学校や公民館、文化・体育施設の建設や改築、工場や事業所、公共施設などの開設や移転などである。これらの人口増減や経済状況に大きな影響を及ぼすような事柄を洗い出し、「まちの年表」を作成する。データの動きを域内の出来事とリンクし、まちの変化についてその要因を説明する。

　まちの年表の作成方法は、自治体や新聞社等のデータベースの利用、地元自治体や住民へのヒアリング等の方法がある。地域の変遷を知るには、古い住宅地図や電話帳、自治体が作成した市民情報ガイドなども参考になる。統計データは、月次データでは公表まで1ヵ月～2ヵ月、年次データでは公表まで1年近くかかるため、最新の状況とデータから把握できる状況との間に約1年間のタイムラグがある。そこで、実際にまちを歩いてまちの変化を体感し、地域に住む人や地域で働く人に話を聞くなど、現地調査で情報を補足する。たとえば、タウンウォッチングで食料品など日常の買い物ができる場所、郵便局や銀行、病院、バス路線など公共交通をチェックし、時間当たり通行人数等を観察する。これらは季節や時間により変動があるため、平日と休日、昼間と夜間など状況を変えて訪問し変化を見る。地元の人にまちを案内してもらうと、地域の人の目でまちの状況が把握できる。

3 ｜ データ利用の留意点

　日常の地域内外の移動は、自宅から事業所への通勤、学校への通学、買物、金融機関、行政機関、医療機関への移動などであり、これら要因が地域の移動データから見えてくる。人口規模が小さい市町域が広域化したため、合併後の市域を見ると、都市的地域もあれば旧市の周辺部であった沿海部の漁村や内陸の中山間過疎地域もある。そのため、小地域統計により地域の状況を把握する。

　ワークショップなどでまちづくりを考えるとき、参加者が考えるまち

の範囲のイメージは、隣保、小学校区、中学校区など住む人により異なる。近年、市町村合併により行政上の市域が拡大し、データ集計区分も拡大しているが、旧町の住民の感覚としては旧町時代が続いており、一方新市のデータは広域の平均的なデータになるため、データと実感とのズレが拡大する。長期時系列データを見る場合、名称変更や自治体の統合、再編などの変更に留意し、変更があれば町丁・字別集計値による調査の定義や地域区分に沿ったデータの組替え集計が必要となる。地域内外の移動の要因は、自宅から事業所への通勤、学校への通学などである。小地域データは、サンプル数の制約から、全市平均的なデータとしては見られないが、データ加工などをすれば見えてくる。小学校区や市役所支所エリア地域など、地域を見る上でふさわしい集計データの範囲を見極める。

　将来人口予測推計では、個々のケースに応じて、種々の仮定や前提条件の設定が必要であるが、これには分析者の施策目的に応じた政策的判断が要求される。数値データとして反映しにくい満足度など定性的評価は、一部のニーズや意見に対する隔たり、調査項目以外のその他の情報が介入する余地が大きいため、定量的で客観的な情報の提供のほか、データ作成方法や資料の明示など透明性の確保も必要である。

4 ｜ 統計分析とまちの診断

　まちづくりに焦点を当てる小地域統計は、小学校区や集落、500m四方の「地域メッシュ」と呼ばれる範囲など、小さな地域単位に関する人口や経済活動に関するデータを提供し、居住している方の生活実感により近い統計データを提示できる。小地域統計の集計単位を小さくすればするほどよいとは限らない。まちづくりを考える上で適正な地域単位については、単位を究極に小さくすれば各世帯・各個人がその集計単位になるが、個人情報保護の観点から集計値は公表されない。たとえば、数世帯からなる小さな集落の人口や経済活動のデータを取り出して、それ

を集落関係者と議論しても、集計範囲を拡大した公表データは、統計調査の定義によるデータのため、統計の実感との乖離が明らかになり、住民の方に新しい情報を提供することにはならない。地域単位が小さくなればなるほど、そこに住む人々はデータを参考にせずとも生活実感として情報を把握しているため、住民の方に提示しても余り意味がない。隣接集落との比較や時系列データから傾向を説明することができれば、地域住民から見て目新しいデータを提供できる。「国勢調査」では、50世帯以上の集落（世帯）が最も小さな小地域統計の集計単位である。集計単位が50世帯未満など小さすぎる場合、観察期間は、その年に偶然多くまたは少なく発生したことが地域の特徴と判断されることがあるため、3年〜5年間の発生件数など観察期間を5年以上と長くし、サンプル数を確保する。

　地域により生活状況や生活様式が異なるため、まちの範囲は、隣保、小学校区、中学校区など人により異なるが、小地域統計の利用により中心部の細部の状況など多くの情報がわかる。市町という行政単位で一律に見るものが、小地域単位でみるとまだら模様に見える場合がある。

　地域の商店街では、昔のにぎわいが消えてしまったところが多い。原因は交通量の減少、商店主など担い手の高齢化、地元資本の減少、空き地の増加などが挙げられる。そこで地域のあるべき姿に対してにぎわいの衰退を数値化できれば、増加から減少に向かう転換点などの変化がわかる。経済データの変化の読み取りは、数値が3ヵ月連続でプラスやマイナスと同じ方向であれば、概ね増加または減少トレンドにあると判断する。

　現在、公的統計で公表されている統計情報の多くは、市区町村を最小単位としている。これでは、経済圏内のどこに人口や店舗が集中し、どこが衰退しているのか、細かい地域の多様な状況が読み取れない。小学校区や中心市街地など特定地域における人口・世帯の分布パターンや事業所・店舗の状況などを捉えるには、最も小さい単位に集計し直す。

第 **III** 部

政策づくりに
統計を活かす

第7章 「まちのデータカルテ」の作成

芦谷恒憲
Ashiya Tsunenori

まちづくりの第1歩は、まちの情報を共有することである。そこで、まちの現状について共通理解を得るため、「まちのデータカルテ」を作成する。このカルテの作成作業を通じて、地域への理解を深め、このデータを分析することにより、まちづくりの議論の場を提供する。本章では、「まちのデータカルテ」の意義や作成方法について紹介する。

1 | 「まちのデータカルテ」作成の流れ

まちづくりにあたり、統計データを用いて分析を行う際の一つのおおまかな流れは、次のとおりである。まず、まちづくりにおける課題を抽出し、それに沿う形で「まちのデータカルテ」を作成する。具体的には、データの収集だけではなく、加工を行い、さらに将来推計や相関分析などを行う。そのうえで、改めて問題点を整理し、原因を考え、今後の課題から、将来ビジョンを作成するといった流れである。

ここでは、そのうちデータカルテに焦点を当てるが、データカルテを作成するうえでは、小地域統計が重要である。現在、公的統計で公表されている統計情報の多くは、市区町村を最小単位としている。これでは、経済圏内のどこに人口や店舗が集中し、どこが衰退しているのか、細かい地域の多様な状況が読み取れない。小学校区や中心市街地など特定地域における人口・世帯の分布パターンや事業所・店舗の状況などを捉え

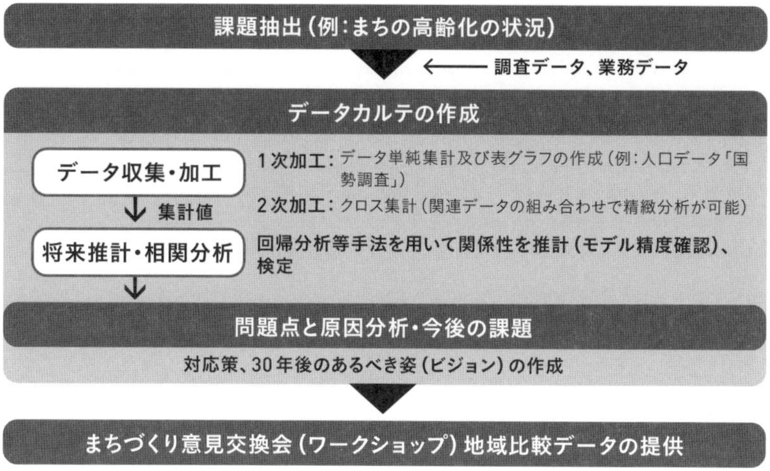

課題抽出（例：まちの高齢化の状況）

←── 調査データ、業務データ

データカルテの作成

データ収集・加工

↓ 集計値

将来推計・相関分析

1次加工：データ単純集計及び表グラフの作成（例：人口データ「国勢調査」）

2次加工：クロス集計（関連データの組み合わせで精緻分析が可能）

回帰分析等手法を用いて関係性を推計（モデル精度確認）、検定

問題点と原因分析・今後の課題

対応策、30年後のあるべき姿（ビジョン）の作成

まちづくり意見交換会（ワークショップ）地域比較データの提供

図1　データ分析の流れ

るには、最も小さい単位に集計し直す必要がある。

　小地域統計では、標本調査でサンプル数が少ない場合、少数の特徴的なデータに全体が引っ張られ、極端な値や傾向を示すことがある。標本誤差が大きくなる点に注意しなければいけない。加えて、データの集計過程で、ある区分に該当する客体数が少なく個別情報が判明する恐れがある場合、統計表では、秘匿処理（統計法で公表できない集計値）が行われ、「X」と表記される。特に産業別の地域分析や人口が少ない集落では、対象地域が小さくなればなるほど、多くの集計データが秘匿となり、数値が得られない項目が増え、地域比較等分析ができないということも起こる。

　小地域統計の集計単位は、検証する目的によって決まる。例えば、町丁・字別という小さな単位は、人口構成や世帯状況の変化を見るのに適しているが、事業所や商工業の実態を調べるには適していない。人口の時系列トレンドを見る場合、人口規模が小さ過ぎると増減の変動が大きく、不規則な変動が起こりやすいため、10万人人口規模で分析する。人口規模で見ると、市では、3年分で集計期間の拡大、人口4万人×3年

表1　各省庁の主な統計関連のホームページ概要

政府統計の総合窓口 (e-stat)

統計関係リンク集、統計関連情報（統計分類・用語の選択）、統計 GIS (j-STATMAP)	
総務省統計局	政府の総合統計書、統計で見る都道府県・市町村のすがた

地域メッシュ統計、統計学習サイト（なるほど統計学園）

経済産業省	経済産業統計まる分かり、統計グラフ化ツール「グラレスタ」
厚生労働省	厚生労働統計一覧
農林水産省	地域の農業を見て・知って・活かすDB（データベース）

（規模12万人）である。経済圏（10万人）レベルでは、集計地域の拡大、た
とえば、A市（5万人）＋B市（4万人）＋C町（1万人）の合計である。

　まちを見るときの基礎的な情報は、地域の人口や世帯の状況、地域で
働いている労働力の状況、地域の工場や事業所の集まった産業の状況な
どであり、これらをまとめて、地区のデータカルテを作ることができる。
データカルテの主要項目は、公的統計が掲載されている各種統計書や各
管轄省庁等のホームページを通じて入手できる。

2 ｜ カルテに関わる主な統計データ

　最も基本的な統計は「国勢調査」で、人口構造や家族構成、就業状況
を把握するために、1920年から5年に一度行われている大規模な全数
調査である。国勢調査でまちづくりを考える上で、データは個人だけで
なく世帯の状況を見ることも重要である。たとえば、一人暮らし世帯の
割合や三世代同居の割合が分かれば、地域福祉や自治会運営の方針が立
てやすい。このほか、出生、死亡や人口移動の状況を見た「人口動態統
計」（厚生労働省）、農業集落の状況を見た「農林業センサス集落カード」
（農林水産省）などもある。

　一方、中心市街地の状況を見る場合は、事業者数、従業者数、公共施
設数等のデータを見る。事業活動であれば、製造業は「工業統計」（「経済

センサス・活動調査」（製造業集計）、「経済構造実態調査」へ統合）から製造品出荷額等、卸売・小売業は「商業統計」から小売業売上高（年間販売額）など、卸売・小売業事業所数の集積度は商店数などで確認できる。空き店舗については直接集計したデータはないが、商店数（商業統計）（「経済センサス・活動調査」（卸売小売業統計）、「経済構造実態調査」へ統合）、住宅地図、現地調査により推計する。来訪者数は、有料施設であれば該当施設に直接照会して実数が得られるが、直接のデータがない無料施設は関連データ（生産額＝イベント数×1事業当たり平均入場者数）から推計する。業務統計は延べ人数のため、実人数への換算調整を行う。

統計データを分野別に整理し、確認する。小地域統計がある場合は、集計値を利用し、小地域データがない場合は、例えば、市町データに関連比率（小地域従業者数比率）を乗じて小地域データを推計し、利用する。

表2　分野別統計データ

項目	関連統計
人口・土地統計	推計人口（総務省・兵庫県）・面積（国土地理院）、国勢調査（総務省）＊、住宅・土地統計調査（総務省）
農林水産統計	農林業センサス（農林水産省）＊、漁業センサス（農林水産省）
事業所統計	特定サービス産業実態調査（経済産業省）、経済センサス（基礎調査・活動調査）（総務省・経済産業省）＊
商工業統計	大型小売店販売額（経済産業省）、工業統計調査（経済産業省）、商業統計調査（経済産業省）
労働・賃金統計	毎月勤労統計調査（厚生労働省）、労働力調査（総務省）、就業構造基本調査（総務省）
物価・家計統計	消費者物価指数（総務省）、家計調査（総務省）、全国消費実態調査（総務省）
教育統計	学校基本調査（文部科学省）、学校保健統計調査（文部科学省）
経済統計	景気動向指数（内閣府・都道府県）、県民経済計算（都道府県）、市町民経済計算（都道府県・市町村）、産業連関表（総務省・都道府県）、鉱工業指数（経済産業省・都道府県）
くらし統計	社会生活基本調査（総務省）
厚生統計	人口動態調査（厚生労働省）、医療施設調査、医師・歯科医師・薬剤師調査（厚生労働省
総合データ	統計書（総務省・都道府県）、総合統計データ（総務省・都道府県）

（注）（　）内は、作成機関　＊小地域統計あり
参考：兵庫県ホームページ（統計）

3 | 小地域でみるカルテの作成

　まちづくりでは、どんな年代の人がどんなふうに暮らしているのか、子ども（0〜14歳）や高齢者（65歳以上）が増えているか、減っているか、どんな事業所がどのくらいあり何人ぐらいの人が働いているか、どんなお店（大規模小売店、商店等）があり売り上げは増えているか、減っているかなどは、まちづくりに取り組む上で大事な情報である。その中から複数分類（産業、職業等）の項目を組み合わせ、少子高齢化等地域の課題を浮かび上がらせることが、まちづくりのための統計分析である。地域課題単位でまちを分析すれば、気づかなかった課題が見え、漠然と感じていたものが数字で確認できる。例えば、日常生活機能が果たせなくなっている集落では、特に高齢化率70%以上、世帯数10未満は深刻である。山地を背景として小規模集落では、集落を超えた小学校や公民館ごとの単位で、多様な主体の参画による新たな地域運営の仕組みづくりが、施策の基盤となる。

　地域住民が地域の課題を身近なレベルで感じるのは、市町村単位ではなく学校区単位である。特に、多くの市町村において合併により生活圏よりも広い地域が一つの市になったため、市町村単位で公表される行政統計は更に住民にとっては納得感のない平準化されたデータとなってしまっている。近年は、小学校区を単位としたまちづくり協議会の結成を推奨する自治体も出てきていることから、この活動を支援するツールとして活用されることを想定し、小学校区を単位とする。様々な条件の地域（山間地、市街地、農業地域、商業地域、工業地域、人口構成の変化のある地域など）を選定し、地域住民を巻き込んだ検証を踏まえて、標準地域カルテの項目を作成する。

　小学校区は、明治の市町村合併以前の自治の基本単位で、民生児童委員や防犯委員ら既存の地区役員の多くは、この単位で連絡会が組織されている。小学校区カルテを通じて地域への理解が深まり、情報収集・分析など市民力も高まる。小学校区カルテを作るには、地元自治体から校

区ごとの町名一覧を入手し、「国勢調査」や「経済センサス」の町丁・字別データで整理する。年度により校区編成が変わったり、地名が変更されていたり、同じ町内であっても道路などを挟んで複数の学区に分かれているため、基本単位データをもとに推計する。

表3　地域区分の類型

区分	役所	学校	企業	警察	病院	商店等	人口規模
市区	市役所	高等学校	大企業 工場・支店	警察署・ 交番	総合 病院	ショッピング センター	1万人 以上
中学校区	町村役場 市役所支所	中学校	工場	交番・ 駐在所	病院	スーパー、 金融機関	5000人 程度
小学校区	出張所	小学校	小規模工場	駐在所	診療所	個人商店 大中規模 農地	1000〜 1500人
集落	−	（分校）	−	−	−	小規模農地	〜500人

表4　まちのデータカルテの例（○○地区）（○○年○月○日作成）

項目	実数	対前回比	地位	調査日	資料
総人口	○○人	▲○○%	Ⅱ	2015.10.1	国勢調査
世帯数	○○世帯	＋○○%	Ⅲ	2015.10.1	国勢調査
事業所数	○○事業所	＋○○%	Ⅲ	2016.6.1	経済センサス
従業者数	○○人	▲○○%	Ⅱ	2016.6.1	経済センサス
潜在扶養指数	○○.○%	○○.○%	Ⅱ	2015.10.1	国勢調査
昼間人口比率	○○.○%	○○.○%	Ⅰ	2015.10.1	国勢調査

表5　まちのデータカルテ例　　地区：加古川市平岡町

項目	平岡町			市=100	加古川市			資料
	2010年	2015年	前回比・差		2010年	2015年	前回比・差	
総人口	51,767	52,750	1.9	19.7	266,937	267,435	0.2	国勢調査
世帯数	20,480	21,845	6.7	21.1	100,313	103,495	3.2	
事業所数※	1,885	1,755	▲6.9	19.8	9,555	8,861	▲7.3	経済センサス（※2009年、14年）
従業者数※	19,374	19,327	▲0.2	20.1	98,440	95,971	▲2.5	
潜在扶養指数	3.47	2.64	▲0.83	108.2	3.13	2.44	▲0.69	国勢調査
15〜64歳人口	34,137	32,873	▲3.7	20.1	172,184	163,163	▲5.2	
65歳以上人口	9,851	12,445	26.3	18.6	55,078	66,824	21.3	
昼間人口比率					88.3	88.5	0.2	国勢調査
昼間人口					235,670	236,758	0.5	

潜在扶養指数（高齢者1人を生産年齢人口何人で支えるかを示す指標）＝（15〜64歳人口）／（65歳以上人口）
昼間人口比率（常住人口＋流入人口－流出人口）＝昼間人口／夜間人口×100

　　総人口や事業者数などの基本指標のほか、潜在扶養指数（高齢者1人を生産年齢人口何人で支えるかを示す指標）＝（15〜64歳人口）／（65歳以上人口）、昼間人口比率（常住人口＋流入人口－流出人口）＝昼間人口／夜間人口×100などの指数等を追加する。**表5**は加古川市平岡町のデータ例である。

　　なお、小地域では、調査対象区域における人口、面積等の大小基準化の問題がある。たとえば、増減数に着目すると、調査対象区域分析は、増減率のほか、密度（1㎢当たり人口）で基準化が考えられる。

ちなみに、まちのデータカルテでは、各種データで、その位置づけを確認することができる。まとめると以下のとおりである。

●統計量で比較

①データのつながりと偏りについて、**中心点**（平均値等から設定）と**基準線**（標準偏差等から設定）から片側か両側かを見る。

②**傾向**は、上昇と下降を見る。概ね3ヵ月以上の連続性を確認する。

③**振幅**は、標準偏差幅を見る。2標準偏差以上を確認する。

④**周期**は、上がり、下がりの繰り返しを見る。周期の確認により見通しを立てる。

次にデータから平均値などの統計量を計算し、確認し、当該地域の位置を見る。

①平均（点）は、総合、項目別に見る。

②分散（ばらつき）は総合、項目別に見る。

③中央値（メジアン）：データを大きさの順に並べたとき、その中央にくる数値を見る。

④最頻値（モード）：いくつかに級分けしたデータで最も度数が多かった階級の数値を見る。

⑤変動係数（＝標準偏差（S）／平均値（m））変動係数が大きいほど格差は大きいため、係数を見ることにより格差の変化を見る。

▶グループ別で比較　m（平均）、S（標準偏差）

1　偏差値による5段階区分

Ⅰ	上	m＋1.50S 以上
Ⅱ	やや上	(m＋0.50S)〜(m＋1.49S)
Ⅲ	中	(m－0.49S)〜(m＋0.49S)
Ⅳ	やや下	(m－1.49S)〜(m－0.50S)
Ⅴ	下	(m－1.50S) 以下

2　五分位階級区分（各区分に属する度数が20%）

Ⅰ	上	m＋0.85S 以上
Ⅱ	やや上	(m＋0.25S)〜(m＋0.84S)
Ⅲ	中	(m－0.25S)〜(m＋0.25S)
Ⅳ	やや下	(m－0.84S)〜(m－0.25S)
Ⅴ	下	(m－0.85S) 以下

4 ｜ カルテの分析

できあがったデータを用いて分析する際には、いくつかの切り口がある。以下、その点をみておこう。

▶1　時系列データでみる

年次データをまとめて見る場合は、地域の足元の状態を調べる短期、地域計画など当面の目標を立てるための中期、構造的な変化を見る長期など分析の目的によってデータの整理の仕方も変わる。長期であれば、産業分類や集計項目の定義が変わる場合がある。時点や地域を比較すると特徴が分かる。2時点以上のデータの増減率を見ることにより地域が発展、衰退している項目など地域の特徴を明らかにできる。トレンド評価例は上昇（増加）、横ばい、低下（減少）である。たとえば、5年周期調査では、2回連続同じ変化、月次調査では3回連続同じ変化と考える。

▶2　地域を見るスケールを変える

町丁・字などで細かく見る「虫の目」で見る。合併で集計範囲が広がったため、基礎自治体単位では地域の状況が見えにくい市町村を細分した小地域の結果をみることができる。商業や経済活動を見る場合は、地域ブロックなど基礎自治体を超えた広い範囲で見る。道路や公共交通機関の整備に伴い人々の移動距離も伸びているため、「鳥の目」で俯瞰して見る。「地域の目」は、原データを基準化し、同じスケールでデータを指標化し地域を見る。地域区分は、中心部（マンション・戸建住宅）タウン、都心近郊タウン、郊外タウン、郡部などである。

▶3　データを実数で見る（トータルの数値でまちを確認する）

データは、増減率の大小比率だけでは判断できない。人口規模が小さな自治体では、分母である母数が小さいため、増減率が非常に大きくなる可能性がある。実数自体は小さいので、全体に与える寄与度はさほど大きくないため、全体の変化の要因を調べるため、実数を見る必要がある。

▶4　通勤・通学等人の動きを見る（昼と夜のまちの状況を確認する）

データは、複雑な現実を、特定の側面から捉えた数字に過ぎない。現実に起こっている問題の構造を捉え、まちの変遷ぶりを念頭に入れて、複

数の統計・調査を組み合わせる必要がある。実際にまちを歩いたり住民と意見交換をしたりして、実感をもとにデータを見る。

▶5　定点観測でまちの変遷を見る（中期のまちの変化を確認する）

データを時系列で見ると、突然、大きな変化を示すことがある。例えば域内に大規模団地が開発されて人口が急増した、工場が移転した、近隣に大規模ショッピンセンターがオープンしたなどまちの変遷を前もって調べておくと、統計数字を読み解きやすい。

▶6　まちを歩いて定性情報を確かめる（現在のまちのイメージを確認する）

統計データは、公表されるまで時間がかかるため、現実の変化のスピードについていけない。統計だけに頼らず、実際にまちを歩いて変化を体感し、地域の人に話を聞いて問題点を探るなど現地調査で補足する。

▶7　地域の中心部の状況を見る（まちのにぎわいの状況を見る）

地域の強みと弱みを探るには、地域に暮らす人だけでなく、地域で働く人を見る。働く人のデータを見ることで、地域にはどういう仕事があるのか、地域の主要な産業は何かなどがわかる。

▶8　地域メッシュデータを利用する

地図と数値を結びつけることで、多面的な分析や課題の可視化ができる。より細かいメッシュ統計を用いると、より小さな地域を単位として見ることができる。

　集計単位を小さくすればするほど良いとは必ずしも限らない。統計の利用目的に応じて適正な地域単位を把握する。統計の発生頻度は必ずしも高くないので、集計単位が 100 人未満と小さすぎる場合、観察期間に偶然多くまたは少なく発生したことが地域の特質と判断されてしまうことがある。観察期間を 1 週間などと長くすること、集計単位基準を定め、一定以上の規模にすることなどで見る必要がある。

5 | まちづくりへのカルテの活用

　項目の構成比や増加率が全国平均と比べ高い「地域の強み」の項目や逆に低い「地域の弱み」の項目を発見し、それらを組み合わせることにより地域の特徴を知る。地域を類型化することにより、自然増減や社会増減などの人口動態や高齢化率など人口構造の特徴をみる。市役所や町役場、医療機関、金融機関、商店街、鉄道駅など都市機能が集まっている中心部、中心市街地の周辺、その他一般地域という区分で分析できる。まちづくりを話し合うためには、情報共有、共通認識、オープンな議論の場が必要である。

　私たちが住むまちを見つめることは、地域のまちづくりを考える第一歩である。地域を見つめ、地域の自然環境を守るために、みんなでできること、そして住みよく個性あるまちをつくるため、まちづくりを考える方法は、現地実態調査（平日、休日調査）、住民アンケート調査（概ね300サンプル以上）、有識者や地域住民とヒアリング調査等である。明るく住みよいまちづくりは、文化、うるおい、ゆとりといった住みよさを求める地域の人の願いや声を聞き、そこに住み、働き、憩う人々の発想やエネルギーをくみ上げてなし得る。地域に住む人が、地域を見つめ直すことにより、普段何気なしに見過ごしてきたまちの美しさや課題を改めてデータで発見する。

　まちの見える化では、データで地域の現状を把握し、自地域を他地域と比較する。これまでの時系列データを収集し分布、時系列の動きを見るとともに、特化係数など関連指標で地域の地位を把握する。分析に当たっては、データは、公的統計と民間データで人の流れ、会社・事業所のつながりを見る。

　まちづくりの活動では、課題、関心を高めるため、データから意識共有し、協働活動を行う。アンケート調査から課題を整理し、活動の効果を推計する。関係者で集って協議会を設立したり他団体と連携したりと

いった活動を展開するに当たってデータが重要となる。

● 小地域統計の事例1

　兵庫県加古川市は、宅地開発が進み、旧集落が併存し、短期間でまちの変化がわかる。そこで、加古川市内の小地域統計データを利用し、町丁・字別の総人口の推移を見ると、宅地開発の状況等を見ることができる。たとえば、平岡町つつじ野（JR東加古川駅前住宅団地）は、2005年〜2010年に宅地開発が行われたため、人口が大幅（2005年〜2010年で169.6%）に増加した。

表6　総人口（加古川市平岡町）の推移　　　　　　　　　　　　　　（単位：人、%）

町丁字	2005年	2010年	2015年	10-05年	15-10年	10/05年	15/10年
平岡町土山	8,835	9,565	10,167	730	602	8.3	6.3
平岡町つつじ野	408	1,100	1,105	692	5	169.6	0.5
平岡町高畑	4,599	4,762	4,884	163	122	3.5	2.6
平岡町二俣	7,400	7,537	7,418	137	▲119	1.9	▲1.6
平岡町中野	1,293	1,371	1,503	78	132	6.0	9.6
平岡町八反田	418	382	377	▲36	▲5	▲8.6	▲1.3
平岡町西谷	774	720	721	▲54	1	▲7.0	0.1
平岡町一色	6,019	5,825	5,647	▲194	▲178	▲3.2	▲3.1
平岡町山之上	4,037	3,707	3,455	▲330	▲252	▲8.2	▲6.8
平岡町新在家	17,326	16,798	17,473	▲528	675	▲3.0	4.0
平岡町計	51,109	51,767	52,750	658	983	1.3	1.9

（出所）総務省「国勢調査」

● 小地域統計の事例2

　町丁字データを整理した加古川市野口町水足地区の総人口の推移を見ると、年齢別の動きや変化がわかる。2005年から2010年は、30歳代が120人増加した。2010年から15年では40歳代のファミリー層（0〜9歳を含む世代）が増加した。住宅団地のオールドタウン化により75歳以上の高齢者（特に女性）が増加している。

　地域の課題解決のためのデータは、周辺地域基礎データ（公的統計）を

収集する。

　ニーズ調査（アンケート調査）によって地域での新たな発見や体験が収集できる。体験を通じて新たな興味につなげることができる。地域の歴史の重みを知ったり、昔の暮らしを体験したりといった地域を知るための情報は、ヒアリング調査（ミクロ情報収集）で収集する。地域への興味が生まれれば、新たな関心や活動につながり、それが行動を起こすことにつながるのである。

表7　加古川市野口町水足地区年齢別人口の推移　　　　　　　　　　　　　　　（単位：人）

項目		総数	0〜9歳	10〜19歳	20〜29歳	30〜39歳	40〜49歳	50〜59歳	60〜69歳	70〜74歳	75歳以上
2005年	男	1,808	269	250	227	240	201	265	184	74	114
	女	2,058	241	273	242	290	243	298	195	86	206
	総数	3,866	510	523	469	530	444	563	379	160	320
2010年	男	1,868	239	244	220	313	204	215	239	72	123
	女	2,119	234	236	248	337	258	247	263	83	223
	総数	3,987	473	480	468	650	462	462	502	155	346
2015年	男	1,923	265	234	182	270	282	201	234	98	155
	女	2,251	254	225	209	332	309	230	279	101	292
	総数	4,174	519	459	391	602	591	431	513	199	447
2010-05年	男	60	▲30	▲6	▲7	73	3	▲50	55	▲2	9
	女	61	▲7	▲37	6	47	15	▲51	68	▲3	17
	総数	121	▲37	▲43	▲1	120	18	▲101	123	▲5	26
2015-10年	男	55	26	▲10	▲38	▲43	78	▲14	▲5	26	32
	女	132	20	▲11	▲39	▲5	51	▲17	16	18	69
	総数	187	46	▲21	▲77	▲48	129	▲31	11	44	101

（出所）総務省「国勢調査」小地域集計

表8　まちの課題解決のためのデータ

区分	誰が	何を	どのように	データ
地域課題	誰が抱えているか	困っていること	どのように困っているか	基礎データ（人口、世帯等）
背景・原因	ヒトはいるか	モノがあるか	仕組みは何か	アンケート調査データ
解決方策	誰と組むか	何を提供するか	十分な予算はあるか	ヒアリング調査（仮説の検証）

まちの現在地を客観的なデータで整理した「まちづくりカルテ」があれば、まちの様子や特徴がわかる。まちの現状を調べ、グラフや図表にまとめると、まちの課題がわかる。さらに、カルテデータが、現在の地域課題を共有し、自分たちにできることは何かを考えるヒントにもなる。まちの現在地がわかる「まちづくりカルテ」を見ながら、まちに関心ある人が集まり意見交換をすれば、まちの現状や課題が共通認識となり、将来どのようなまちになればよいかなど新しい発想で議論ができる。さらに、統計データから地域の特徴や課題を早期に発見することで、今後の具体的なまちづくりの議論や実践につなげることができる。

　まちづくりを進めるためには、情報共有、共通認識、オープンな議論の場が必要である。地域の外から見た異なるスケールで見た地域の機能、広域の競争力、住民のやすらぎの相対的な位置も見るためには、医療機関、教育機関などの潜在的な資源の掘り起こしと歴史、文化施設などの地域資源の活かし方を考える。その方法として、地域資源に基づく情報発信の必要性、新しいニーズに応える機能を生み出す。日常生活機能が果たせなくなっている集落では、特に高齢化率70％以上、世帯数10未満は深刻である。山地を背景として小規模集落では、集落を超えた小学校や公民館ごとの単位で、多様な主体の参画による新たな地域運営の仕組みづくりが、施策の基盤となる。たとえば、人口規模が比較的小規模の小学校区で関わりのある地域である。小地域分析事例としては、過去（2005年）、現在（2015年）、未来（2025年将来推計）の比較分析、指数化（現在を100とする）により指数のピークや増減転換年次の把握などがあげられる。

Column

統計から見える
地域の過去・現在・未来

芦谷恒憲

統計は住みよい社会をつくるための大切な基礎データで、国や地方自治体で作成され、公表されている。統計は、現在の社会の状況を表すとともに、これからの社会を見るために使うことができる。

兵庫県は日本列島の中央に位置し、風土は変化に富み、日本の縮図とも言われる。地域の統計データを使い、兵庫県の過去の姿、現在の姿、将来の姿を見ることができる。

人口データで見ると、現在の兵庫県発足時（1876年）の人口は133万人、現在は548万人（2019年2月）で約130年前と比べ4.2倍であるが、少子高齢化を背景に2005年以降は横ばいに推移している。

経済の総合指標であるGDP（県内総生産）は21兆635億円（2017年度）で国内総生産（547兆4429億円）比で3.8%を占める。

将来の兵庫県の姿を統計数字でみることができる。兵庫県が推計した将来人口（2008年推計）によると、今後、人口は減少し2045年の人口は453万人で、2015年（558万人）と比べ105万人減少すると予測されている。地域別にみると、神戸市や阪神地域等の一部の地域ではしばらく増加のあと減少、但馬地域や淡路地域

等は減少を続け、人口の地域偏在化が進むと予測されている。

地域政策統計研究会（兵庫県・神戸大学、2010年試算）の将来予測値によれば、生産活動の要素である資本と労働が現状のまま推移した場合、県実質GDPは、2025年度をピークに減少に転じると予測されている。

市町別に見ると、2000年以降、平成の市町村大合併により地域データの姿が変化している。2000年は88市町であったが、2010年4月時点では41市町と市町数でほぼ半減した。合併するとそれ以降に公表される統計は原則として広域の新市町単位で集計されるため、広域で平均化され、まちの姿を見ることになる。例えば、市域の一部で宅地開発が進み、市全体の人口は増えても合併の区域でみると人口減少が進んでいる場合があり、新市町別ではきめ細かい地域の状況は見えなくなる。

統計データは、調査の定義に基づいた客観的事実であり、異なる立場の人が地域づくりを話し合う際の題材となる。そのため、地域で使える統計が増えれば、他の地域と比較しながら将来の地域の施策づくりに活用できる。

神戸大学地域政策統計研究会 URL
http://www.econ.kobe-u.ac.jp/introduction/
chiikiseisakutoukeikenkyukai.html

Column

第 **8** 章

地域公共交通の費用対効果
統計データの活用と限界

宇都宮浄人
Utsunomiya Kiyohito

第
I
部

第
II
部

第
III
部

政策づくりに統計を活かす

　まちづくりの方向として、コンパクトシティが注目されている。その際、単に行政機能などを集約するだけではなく、地域の公共交通網を整備し、人々の生活圏を公共交通を軸とする範囲に緩やかに誘導するという考え方が重要になっている。国土交通省の指針に沿って地域公共交通計画（旧地域公共交通網形成計画）の策定を進めてきた都市も多い。

　ただし、公共交通を改良したり、新設したりするとなると一定の費用がかかる。我々はその費用対効果を考えなければならない。民間事業であれば、効果は当該事業会社の収益として計算されるが、公共工事になるとそうはいかない。そこで、道路や鉄道など交通インフラに公的資金を用いて投資を行う際には、費用便益分析が行われる。

　以下では、費用便益分析がどのようなデータを用いてできるのか、どこで既存の統計を用い、何をアンケートするのかを解説し、統計の役割と限界を考える。

1 ｜ 費用便益分析とは

　費用便益分析とは、公的なプロジェクトについて、それが行われる場合（with）と行われない場合（without）について、ある年次を基準として、一定期間の便益額、費用額を算定し、その費用と便益の増分の現在価値を比較して、プロジェクトの評価を行うものである。

　ここで、便益とは社会的便益といわれるもので、民間事業と大きく異なるところである。例えば、鉄道路線のような公共交通を新規に建設する場合、新線の運賃収入の増加が直接運行会社の収益にもなり、それは供給者便益として計算されるが、社会的便益はそれだけではない。移動時間の短縮等で得られる利用者便益、公共交通の整備に伴い、交通事故が減少したり、大気の状態が良くなったりする環境改善も社会的便益である。したがって、それら便益も貨幣換算するためのデータが必要となる。

　あるプロジェクトが実施されたときの総費用と総便益の現在価値が数値化されれば、両者の比較ができる。評価方法には、純現在価値、費用便益比、内部収益率を用いるが、もし単独のプロジェクトであれば、純現在価値が正、費用便益比が1以上、内部収益率が社会的割引率以上という3つの条件は同一となる。[*1]

　いうまでもなく、費用便益分析は一つの参照値に過ぎない。とはいえ、公共工事の実施を政治的な力関係ではなく、統計的に客観的に判断する基準となるため、公的資金を用いるプロジェクトでは必ず検討する項目である。また、国土交通省も、公共事業に共通して適用できる『公共事業評価の費用便益分析に関する技術指針（共通編）』（以下、技術指針）のほか、道路事業の『費用便益分析マニュアル』、鉄道事業の『鉄道プロジェクトの評価手法マニュアル』（以下、鉄道マニュアル）など各分野のマニュアルを公表している。

2 ｜ 費用便益分析で使用するデータ

　持続可能なまちづくりという観点からは、自家用車に頼ることなく、誰もが移動できる地域公共交通の整備が求められている。ここでは交通投資の費用便益分析のプロセスを逐一解説することはしないが、新しい路面電車など、鉄軌道線の新設で都市内移動の利便性を高めるケースに公的資金を用いる事例をイメージしながら、どのようなデータが活用さ

れるのかという点に重点を置いてみてみよう。

　まず、費用面については、初期費用として路線新設のための建設工事費がかかるほか、新たな車両の導入費用もかかる。これらの算定にあたっては、工事見積等で個別の事業費が確定しているものはそれを使うが、工事単価は、「積算資料」（経済調査会）、「建設物価」（建設物価調査会）等に基づいているので、これらをチェックすることができる。また、その時点でわからないものがある場合は、既存のデータを援用することになる。例えば、路面電車の線路の敷設の場合、道路上が多いとはいえ、一部用地買収が必要だとすれば、その近隣の「公示地価」（国土交通省）、「都道府県地価調査」（都道府県）などの地価統計を参考にして算出する。さらに、運行が開始されると、維持管理なども含め、運行費用もかかる。これに関しては、費用ではなくマイナスの便益として計上されるが、その費用の算定には、既存の事業者の運行関連の費用が、「鉄道統計年報」（国土交通省）に詳細に掲載されており、これを参考にすることができる。

　一方、便益については、利用者便益、供給者便益、環境等改善便益に分けて計算することになるが、まず、これらの便益計算の前提として、新路線の需要予測が不可欠である。需要予測をするうえでは、そもそもどの程度の人が将来交通行動を起こすのか、生成交通量と呼ばれる値を予測しなければならない。これには、既存の公共交通の利用者の時系列データを事業者から入手し、これを被説明変数として、「国勢調査」や「住民基本台帳」から得られる人口、生成交通量に影響すると考えられる景気関連の経済統計、例えば、「県内総生産」や「鉱工業指数」、「毎月勤労統計」の所定外労働時間数などを説明変数にして、公共交通の利用者の推計式を求め、これに「将来推計人口・世帯数」やその他経済統計に関する予測データを外挿して予測するという方法がある。しかし、新たな路面電車のように、街なかの回遊性をもたらすような交通投資の場合、過去のデータの延長線上では、誘発需要として純増となる交通行動が予測できない。そのため、路線建設を仮定した場合の利用度を、その沿線住民、さらにはそこに来訪する可能性がある地域の住民にアンケー

ト調査を行うなど、そうした誘発需要を予測する必要がある。

　生成交通量は、あくまで全体の公共交通利用量であるが、具体的なある特定の路線の交通需要予測にあたっては、四段階推定法という方法で、発生集中交通量（交通がどこで発生しどこに集中するか）、分布交通量（どこから、どこへの交通がどれくらいか）、交通手段別交通量（どのような交通手段で分担されるか）、経路別配分交通量（どの経路に配分されるのか）を求め、具体的な経路の需要を把握する手法が一般的である。こうした推計の際に基本となる統計は「パーソントリップ調査」（国土交通省）や「大都市交通センサス」（国土交通省）である。ただし、地方の場合、「パーソントリップ調査」の新たなデータが入手困難なこともある。そのときは、四段階推定法ではなく、「駅勢圏法」が用いられる。これは、駅ごとに駅の勢力が及ぶ範囲である駅勢圏を設定し、駅勢圏人口と駅勢圏人口に対する駅乗降客数の割合を乗じて駅乗降客数を算出する方法で、沿線住民にアンケートを行い、利用動向を把握する。また、交通手段の選択について、非集計モデルを用いた推計がしばしば用いられるが、これら非集計データも、やはり交通手段に対する人々の選好を実際のアンケート調査によって収集する。

　また、どの程度の時間短縮効果が見込まれるかについては、新たな路線の列車速度などから短縮時間を測ることもできるが、実際にどのような形で人々が利用するかということをアンケートから求めると、より正確な時間短縮効果を求めることができる。その際、速度だけではなく、運行頻度が増えれば、待ち時間が減るので、時間は短縮される。短縮された時間価値を貨幣換算する手法としては、一般に所得接近法が用いられる。これは「毎月勤労統計」の各地域の1時間当たりの平均賃金を用いて時間価値を計算する手法で、短縮された時間を乗じることで利用者便益が数値化される。

　一方、供給者便益は、需要や運賃設定から財務的に計算されるものであるが、例えば、鉄軌道路線の新設は当該路線の利用者を増やす一方、並行するバス会社の利用が減るといった代替効果も生じる。あるいは、

その鉄軌道の路線のフィーダ（支線）となるバスの利用者が増えるという補完効果も考えられる。既存事業者の財務を確認しつつ、四段階推計で得られるバスから鉄軌道への転換率などで求めることになる。

　環境等改善便益については、かなり幅広い要素があるが、まず、公共交通の整備によって自動車交通が減少する効果が求められなければならない。この点は、「道路交通センサス」で現時点の自動車の交通の発生状況を把握することができる。そのうえで、二酸化炭素や窒素酸化物の排出量の減少、道路騒音や鉄道騒音の改善、交通事故の減少、道路混雑緩和などが求められる。ただし、この場合も、「道路交通センサス」のデータが古いなど利用に適さない場合は、独自の調査が必要となる。

　環境改善便益の貨幣換算については、分析者が独自にデータを用いるのではなく、それぞれのマニュアルに沿って既存の研究をベースにした算定式を用いることになる。先に時間価値の貨幣換算にあたって、所得データを用いるとしたが、道路混雑緩和に伴う所要時間の短縮の場合、バスのように大勢の人を運ぶ交通手段と乗用車では時間価値が異なる。この点も、時間価値の原単位がマニュアルに記載されている。

　なお、環境等改善のほかに、地域社会に関する効果として、鉄軌道では、存在効果の重要性が指摘されるようになり、「鉄道マニュアル」にも記載されている。これは、例えば、新しい路面電車が新設されることによって、その都市のイメージアップが図られたり、バリアフリーの路面電車ということで、現在はあまり公共交通を利用しないお年寄りがいつでも利用できる安心感を持ったりする効果である。ただし、これについては、何ら既存の統計もないし、研究実績もまだ蓄積は少ない。そのため、「鉄道マニュアル」では、CVM（Contingent Valuation Method：仮想的市場評価法）[2]という手法に基づくアンケート調査を行うことを推奨している。CVM は表明選好法（Stated Preference Method）の代表的な手法で、これによって、存在効果に対する実際の住民等が示した支払意志額を直接データ化し、貨幣換算を行うことで便益計算するというものである。

　最後に、これら費用と便益がどの程度の期間、どのぐらい発生するか

を足しあげたうえで、これを現在価値に換算する必要がある。その際に用いられるのが、社会的割引率である。通常の民間投資であれば、投資リスクも含め、市場利子率を用いるところであるが、公的なプロジェクトの機会費用は社会的割引率という概念を用いることになる。これは現在のところ、4％を当面用いるということが一連のマニュアルに定められている（118頁 Column 参照）。ただし、この値は2000年以降変更されていない。そもそも、真の社会的割引率は計測することができず、国土交通省などでも、社会的割引率については、4％前後の値を用いて幅を持った算出を行う感度分析（sensitivity analysis）を行うことを奨めている。

3 ｜ 費用便益分析における統計の意義と限界

以上、費用便益分析の流れをごく簡単に追うことで、どのようなデータが用いられるのかをみてきた。地域公共交通のプロジェクトの費用対効果を考えるうえで、費用便益分析は、最も数値化された分析という意味で、きわめて統計的な作業である。しかし、上記からわかるとおり、費用便益分析においては既存の統計の役割が極めて限られており、それぞれの地域で各種アンケート調査を行うなどの対応が必要であることがわかる。

ここでは、統計の意義と限界についてポイントを4点整理しておこう[3]。

まず、費用便益分析の前提となる需要予測には、「国勢調査」や「住民基本台帳」、「将来推計人口・世帯数」といった人口に関する統計と、そうした人の動きを把握する「パーソントリップ調査」、「大都市圏交通調査」、さらに自動車関連の動きは「道路交通センサス」によるデータが大前提として使われるということである。こうした基礎的なデータは、調査が容易でない。「国勢調査」はともかく、「パーソントリップ調査」については、その調査頻度も低くなり、標本数も小さくなる方向にある。しかし、今後のまちづくりにあたっては、人の動きに着目し、公共交通を軸とした交通まちづくりが求められるだけに、こうした統計の重要性

を理解する必要がある。

　第2は、プロジェクトに応じたアンケート調査の実施であるが、これも、統計的な知識なしでは実施できない。標本調査の場合、母集団情報を踏まえ、標本にバイアスが生じないようにする必要がある。最近では、ウェブ調査が比較的容易にできるようになり、インターネット利用者の層も拡大しているが、年齢層などに偏りがないか注意する必要がある。また、アンケート結果から得られるデータの処理にあたっても、異常値の処理、欠測値の処理など、アンケート調査は、単にデータを集計すればよいというものではない。

　第3は、社会的割引率に限らず、費用便益分析、さらにはまちづくりの統計分析においては、感度分析が重要だということである。統計には誤差が必ず付随する。とりわけ、独自のアンケートを基礎とする場合、標本数が限られたりすると、標本誤差も大きくなる。感度分析によって結果に幅が出ると、判断が難しくなることもあるが、そうした幅を考慮しても一つの方向性を示すことができる場合は多い。また、幅をもった結果で、それだけで交通投資の判断ができない場合は、新たな判断材料を探すという態度も必要である。費用対効果を考えるうえでは、費用便益分析の数字だけを頼りにするということも慎まなければならない。「鉄道評価マニュアル」では、「便益に計上する効果は、学術的に計測手法が確立し、かつ一定の精度で計算できる効果に限定されている」として、「『少しでも1.0を下回った場合は社会的に必要のない事業である』という誤った評価をしないよう」注意喚起がなされている。

　第4は、費用便益分析を行ったプロジェクトの事後評価において、統計がさらなる役割を果たすという点である。費用便益分析を実施した時点の需要予測と乖離があれば、その点は検証が必要となる。また、費用便益分析上はカウントされない間接的な効果も検証する必要がある。例えば、新しい路線の開業により、どの程度人口が増えたか、人の移動に変化があったか、地価に変動があったかなど、人口に関する統計や「パーソントリップ調査」でみる交通分担率の変化などによって評価ができる。

また、地域全体でみたときの効果については、「商業販売統計」でみた小売店の販売額の変化にも影響が出る。さらに、現行の費用便益分析では考慮されない要素が社会に影響を与えている可能性もある。例えば、「鉄道マニュアル」にも言及されているが、地域公共交通の利便性が向上することで、高齢者の外出が促進され、そのことが地域の健康増進や医療費の削減につながるといった可能性である。こうした幅広い観点から、効果を見極めることで、次のプロジェクトへの指針にもなるのである。

*1　費用便益分析の評価指標の概要と特徴は表のとおりである（出典：国土交通省『公共事業評価の費用便益分析に関する技術指針（共通編）』）。

評価指標	定義	特徴
純現在価値 (NPV:Net Present Value)	$$\sum_{t=1}^{n} \frac{B_t - C_t}{(1+i)^{t-1}}$$	●事業実施による純便益の大きさを比較できる。 ●社会的割引率によって値が変化する。
費用便益比 (CBR:Cost Benefit Ratio) ※本文ではB/Cと表記	$$\frac{\sum_{t=1}^{n} B_t/(1+i)^{t-1}}{\sum_{t=1}^{n} C_t/(1+i)^{t-1}}$$	●単位投資額あたりの便益の大きさにより事業の投資効率性を比較できる。 ●社会的割引率によって値が変化する。 ●事業間の比較に用いる場合は、各費目（営業費用、維持管理費用 等）を便益側に計上するか、費用側に計上するか、考え方に注意が必要である。
経済的内部収益率 (EIRR:Economic Internal Rate of Return)	$$\sum_{t=1}^{n} \frac{B_t - C_t}{(1+i_0)^{t-1}} = 0$$ となるi_0。	●社会的割引率との比較によって事業の投資効率性を判断できる。 ●社会的割引率の影響を受けない。

ただし、n：評価期間、B_t：t年次の便益、C_t：t年次の費用、i：社会的割引率

*2　CVMは、アンケート調査を用いて人々に支払意思額（WTP: Willingness to Pay）等を尋ねることで、市場で取り引きされていない 財（効果）の価値を計測する手法で、環境改善の効果などで広く用いられてきたが、アンケート調査を基礎としているため、さまざまなバイアスが指摘されている。国土交通省「仮想的市場評価法（CVM）適用の指針」（2009）においても、「CVMで推計される便益の精度には、まだ課題が残されていることを踏まえ、CVMを用いて事業評価を行う場合は（中略）慎重な対応が必要である」と述べている。
*3　交通プロジェクトの費用便益分析の課題については、宇都宮（2020）参照。

参考文献
◉宇都宮浄人（2020）『地域公共交通の統合的政策』東洋経済新報社
◉国土交通省（2009）『仮想的市場評価法（CVM）適用の指針』
◉国土交通省（2009）『公共事業評価の費用便益分析に関する技術指針（共通編）』
◉国土交通省鉄道局（2012）『鉄道プロジェクトの評価手法マニュアル　2012年改訂版』
◉国土交通省道路局 都市・地域整備局（2008）『費用便益分析マニュアル』

Column

社会的割引率

宇都宮浄人

消費者にとって、現在の消費と将来の消費は同じ価値ではない。今100万円もらう方が1年後に100万円もらうよりもよいと感じる。こうした現在の消費価値と将来の消費価値の比率を経済学では時間選好率という。現在と将来の価値の違いは、現実には、債券の市場利子率や、現在の消費を将来の投資に振り向けることで得られる投資収益率に反映され、実際の民間プロジェクトが遂行される。

市場が完全であれば、これらの値は等しくなるが、実際には、市場は不完全であり値は異なる。したがって、ま

ちづくりのような公共事業で勘案すべき、純粋な時間選好率を現実の値として把握することはできない。そこで、費用便益分析に用いる社会的割引率は、資本の機会費用を表している市場利子率のうち、リスクの小さい安全資産である国債の利回りを参考に設定される。現在の社会的割引率は4%となっているが、過去の国債の実質利回りを参考にしたもので、4%の根拠となった「運輸関係社会資本の整備に係る費用対効果分析にかかる基本方針」（運輸省1999）における参考値は表1のとおりである。また、「技術指

表1　国債の利回り平均（基準年：1995年）

	国債（10年もの）名目利回り平均	国債（10年もの）実質利回り平均（GDPデフレーター割戻後）
H3~H7 (1991〜95)	4.09%	3.91%
S61~H7 (1986〜95)	4.78%	3.85%

針」には、「政府の調達コストを示しているとも考えられる」として、国債の実質利回りが参考になるといった記述もある。

　問題は、現在の社会的割引率がこのような 2000 年時点の国債利回りを参考にした値でよいかどうかということである。2016 年を基準に過去 5 年、過去 10 年の国債（10 年もの）名目利回りの平均値（年平均の平均）は表 2 のとおりである。

　国債の利回りは、それぞれの時点の経済環境や政策にも影響を受けるため、その変動をそのまま社会的割引率に反映させる必要はない。しかし、2000 年当時とは経済社会環境は大きく異なっている。4%という社会的割引率は、例えば、18 年後に得られる

100 という価値は現在価値に換算すると半分以下の 49 となる計算だが、この値は現在の日本人の自然な感覚なのであろうか。

　社会的割引率次第で、費用便益分析の値は大きく変わる。例えば、3%を適用するだけで、プロジェクトから得られる便益の 30 年後の値は、現行の 4%の計算値に比べて 13%の増加になる。交通やまちづくりにかかるプロジェクトは将来にわたって安定した便益が見込まれるもので、純現在価値や費用便益比はかなり変化する可能性があり、事業の採否に影響するのである。「当面 4%」が 20 年続いた今日、社会的割引率について再考する余地がある。

表2　国債の利回り平均（基準年：2016 年）

	国債（10 年もの）名目利回り平均	国債（10 年もの）実質利回り平均（GDP デフレーター控除後）
H24~H28（2012〜16）	0.43%	-0.17%
H19~H28（2007〜16）	0.82%	1.11%

Column

第9章
買い物弱者を支援する

髙橋愛典・大内秀二郎
Takahashi Yoshinori / Ouchi Shujiro

1 | 買い物弱者とは誰なのか

　買い物弱者は「流通機能や交通網の弱体化とともに、食料品等の日常の買い物が困難な状況に置かれている人々」（経済産業省 2010）と定義できる。その存在と増加にまつわる、いわゆる買い物弱者問題[*1]は、2010年頃から社会問題として注目を浴びるようになった。当初は官庁主導で現状分析と対策が検討されたが、それから10年もの月日が流れ、社会および地域の問題としてすでに定着してしまっている感がある。[*2]

　こうした状況のもとで、まちづくりの一環としてそれぞれの地域の実情に合った買い物弱者対策を提案・実行するには、統計（学）をどのように活用すべきかが、本章の問題意識である。

2 | 買い物弱者対策の選択肢とまちづくり

　はじめに、買い物弱者対策の選択肢をみておきたい。先に示した買い物弱者の定義には「流通機能や交通網の弱体化」という文言があった。これまで高度化の一途を辿ってきたはずのわが国の流通機能と交通網が「弱体化」するとは、何を意味するのか。要は、流通機能の中でも中小小売業、交通網の中でも公共交通が「弱体化」したことで、「近隣の店舗が減少し、自家用車を保有・運転しないと最寄りの店舗までたどり着け

ない」という状況に陥る人々が増えたのである。後述のように、運転免許・自家用車の非保有者や、運転を断念した高齢者が買い物弱者になりやすいというのが、わが国で買い物弱者問題が提起される主要な文脈となっている。

　いいかえれば、消費者（住民）と最寄りの店舗の間の「ラスト（ワン）マイル*³」が長くなってしまっている状況で、それをどのようにして埋めるかが、買い物弱者対策における選択肢となる。**図1**と**表1**は、これらの対策案を整理したものである。詳細な説明は髙橋愛典（2017）に譲るが、要はどの対策案にも一長一短があり、切り札が存在しないのである。つまり、まちづくりとして買い物弱者対策を行うには、地域の実情を（統計を活用して）知り、どの対策を選ぶかという意思決定が迫られる。

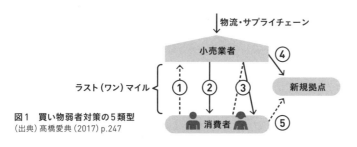

図1　買い物弱者対策の5類型
（出典）髙橋愛典（2017）p.247

表1　買い物弱者対策の5類型（図1の凡例）

アプローチ	形態の例	代表的事例
① 交通からのアプローチ	買い物バス	枝光やまさか乗合ジャンボタクシー
	送迎自転車	村山団地中央商店会
② 流通からのアプローチ	共同購入	生活協同組合（生協）
	移動販売	昭栄鶏卵、とくし丸
	ネットスーパー	大手小売業者
③ 来店宅配	購入商品の配達	ダイシン百貨店*
	タクシーの活用	近商ストア
	宅配業者が受託	ココネット
④ 小売業者からの歩み寄り	小規模店舗出店	マルエツプチ
	中山間地域出店	タイムリー*
⑤ 消費者からの歩み寄り	共同店	沖縄（本島北部が中心）
	配食サービス	支え合う会みのり、友ー友

（出典）髙橋愛典（2017）p.247を一部修正。
（注）＊の店舗は本章執筆時点までに屋号等が変更になっている。

3 ｜ 既存の統計からみる買い物弱者

　買い物弱者対策に資するであろう商業・流通に関する統計として代表的なのは、1957 年に開始された商業統計調査および、それを継承している経済センサスである。[*4] 経済センサスは 2009 年に開始され、2014 年にはその基礎調査が商業統計調査と同時に実施された。しかしこのときに統計制度が大幅に変更され、データの連続性が確保されなくなった。商業統計調査は、2007 年までと 2014 年とでは、対象事業所の把握方法と調査方法が大きく異なっており、母集団が異なるため、年次比較は原則としてできなくなった（駒木 2016）。そのため、時系列による流通構造の分析に支障が出ているという指摘もある（東ほか 2016、p.ⅱ）。なお、商業統計調査は 2014 年を最後に正式に廃止され、2019 年度から毎年実施される「経済構造実態調査」にも統合・再編された形を取っている。

　データの連続性に注意しつつ、商業統計調査と経済センサスのデータを簡単に見ておこう。**図 2** はわが国の小売業全体について、**図 3** は飲食料品小売業に絞って、事業所数ならびに事業所あたりの平均売場面積の推移を示したものである。いずれも、高度経済成長終焉後も事業所数は増加傾向にあったが、1980 年前後をピークに減少に転じている。**図 2** と**図 3** を見比べると、飲食料品小売業の事業所数の減少傾向は、小売業全体と比べても著しいことが、直感的に理解できる。

　一方で平均売場面積は、小売業全体で増加傾向が続いているといってよい。要は、家業規模の小売業（いわゆる「個人商店」や「パパママストア」）が衰退し、チェーンストアに代表される大規模小売業の大型店舗が目立つことが、統計からも明らかになる。もちろん、コンビニエンスストア（コンビニ）に代表される小型店舗のイノベーションも顕著であったものの、大型店舗がモータリゼーション（自家用車の普及）や小売業の規制緩和を背景に商圏の拡大を狙い、自家用車での買い物行動を促進してきた。地方部にもコンビニが立地するようになったが、高齢者が多く暮らす従来の集落よりも、幹線道路沿いに立地し自動車によるアクセスを前提と

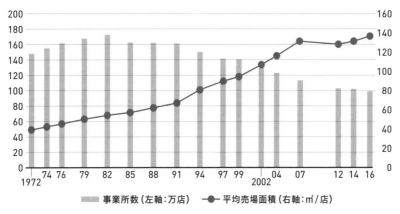

図2　わが国の小売業における事業所数と平均売場面積の推移

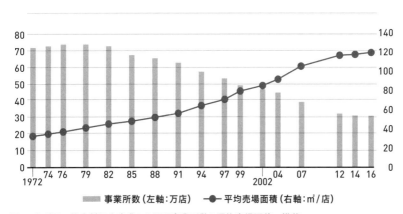

図3　わが国の飲食料品小売業における事業所数と平均売場面積の推移

した店舗が目立ち、買い物弱者対策として有効な存在とは言い切れない。

　つまり、自家用車の保有や運転をそもそもしていない、あるいは断念した人が買い物弱者になる可能性が、大都市圏の中心部・近郊部以外では高くなるのである。これは特に高齢者に当てはまる。[*5]「自家用車で買い物に行くことを断念したときに、徒歩や自転車で行けた最寄りの店舗は、大型店舗との競争に敗退し、すでに撤退していた」＝「気が付いた

ときにはラストマイルが長くなっていた」という状況に陥りやすいことは先に述べた。この現象は、こうした全国レベルのマクロデータからも想像がつく。

4 | メッシュデータからみる買い物弱者

　続いて、買い物弱者に焦点を絞った統計を紹介しておきたい。買い物弱者問題に注目が集まり始めた当初は、小規模のアンケート調査の結果から全国規模の推論をすることがせいぜいであった。それでも、2010年時点において買い物弱者は全国で600万人と試算された（経済産業省 2010）。その後、農林水産省農林水産政策研究所を中心に、メッシュデータに基づいた精緻な推計が試みられるようになった。近年では「店舗（生鮮食料品小売業、百貨店、総合スーパー、食料品スーパー、コンビニ）まで500m以上、65歳以上の高齢者で自動車利用が困難な人口[*6]」を「食料品アクセス困難人口」とし、高齢者に焦点を絞った上で、過去の国勢調査のデータにまでさかのぼって再推計が行われている（高橋克也ほか 2020）。

　高橋克也ほか（2020）によれば、2015年の全国の食料品アクセス困難人口は、824万6千人と推計される。2005年が678万4千人、2010年が732万7千人であったのと比べ増加傾向にある。2015年時点の824万6千人とは、65歳以上の人口の24.6%（4人に1人）に及ぶ。特に75歳以上（後期高齢者）の世代では、食料品アクセス困難人口が3人に1人（33.2%）にのぼる。

　食料品アクセス困難人口の増加要因の一つはもちろん高齢化、つまり高齢者の絶対数の増加である。一方で、若いうちに運転免許を取得し、自家用車を運転する習慣を身につけた世代もまた高齢化している。そのため、食料品アクセス困難人口の中でも、前期高齢者（65〜74歳）の増加はある程度抑制されている（高橋克也ほか 2020、p.76）。一方で、後期高齢者となると、運転の断念や免許の返納を検討せざるを得ず、そうなるとラストマイルが500m以上なら、即座に食料品アクセス困難人口にカ

ウントされることになる。いいかえれば、食料品アクセス困難人口の増
加傾向は、前期高齢者より後期高齢者で顕著であり、買い物弱者対策の
対象として後期高齢者を優先する必要が生じている。

5 │ 統計を地域で作る

　高橋克也ほか（2020）は、メッシュデータを用いた食料品アクセス困
難人口の動向およびそれを図示した「食料品アクセスマップ」について
「市町村といった自治体での高齢化関連の事業や地域対策の比較検証」に
おいて有効な判断材料であるとしている（高橋克也ほか 2020、p.81）。確か
に、自治体で行政区域全体を対象に買い物弱者の状況を把握し、政策立
案への示唆を求める際には有用である。

　とはいえ、本書のテーマであるまちづくり、つまり住民主体の活動で
は、自治体や行政区域より狭い範囲、例えば連合町内会（自治連合）単位
を前提とするほうが明快であろう。この範囲の「まち」あるいは「集落」
における買い物弱者問題は、メッシュデータの活用よりも、「最近、あそ
このスーパーが閉まっちゃって…」「あのお店はご夫婦ともお年を召して
きたし、お子さんも遠くで暮らしているから、そろそろ店じまいかしら
…」といった情報、いわば質的データによって顕在化するのではないか。
となれば、**図 1** の中からまちで取りうる選択肢を絞りつつ、住民の買い
物行動を捉えた上で、それぞれの費用対効果を見極めて特定の対策案を
選び実行することが「まちづくりとしての買い物弱者対策」になる。

　それゆえ住民（前述のように、特に後期高齢者）の意向を探るため、これま
でみたような各種の統計を参考にしつつも、別途、量的・質的データを
集計し、まちが自ら統計を整備する必要が出てくる。その具体的な手法
や事例は専門の文献に譲るとして[*7]、髙橋愛典ほか（2018）の経験（とい
うより反省）を踏まえ、まちづくりの一環として調査を行う際の留意点を
整理しておきたい。

　最初に注意すべきは、こうした独自調査の結果が、その地域における

対策案の優劣や実行の際の優先順位の決定に直結するとは限らない、ということである。**図1**にある選択肢の中に、地域の実情からして選択しえないものがあることが、調査設計の時点で明確になることも考えうる。それをあらかじめ外しておいた上で、住民の買い物行動およびニーズに関する仮説を構築して、その検証を試みるというのが現実的な調査設計であろう。

　さらには、隠れたニーズを引き出す工夫も必要である。いいかえれば、民間の小売業者が実行するマーケティング調査を、まちづくりとして代行するような感覚である。近隣の移動販売業者を誘致する（**図1**の②「流通からのアプローチ」）場合はもちろん、まちづくりとして地域内の共助によって店舗を出す（⑤「消費者からの歩み寄り」）といった選択肢を取るとしても、地域の商業者（卸・小売）から協力を得ることは不可欠である。例えば、店舗を出して設備・什器に投資ができ、店員を確保できたとしても、仕入と品揃えが不十分であれば、せっかく復活した店舗がまたしても閉店を余儀なくされると予想される。こうした状況を回避するには、地域の商業者から商品を仕入れ、しかもその際に仕入・発注に関するアドバイスを求めることで、商業者が持つ商品供給能力を活用して、安定かつ充実した品揃えを実現する必要がある。商業者の協力を引き出すためには、住民を対象とした独自調査の結果を十分に整理した上で提示することが有用であろう。商業者によるマーケティング調査は、いうまでもなく有望な地域市場を発掘するために実施される。商業者にとって、買い物弱者問題が顕在化している地域は、市場としてもはや有望ではなく、マーケティング調査を実施する意義を見出すことはない。こうした地域でのマーケティング調査をまちづくりとして「代行」するという気概とスキルを地域が持つことで、買い物弱者対策における地域と商業者の役割分担のあり方や連携の余地が見出せるはずである。

　調査のタイミングは、商店の撤退から少し時間をおいて、とはいえ買い物弱者問題に関する意識がまちの中で共有されている間がよいと考えられる。なお、商店の撤退が、必ずしも「惜しまれつつ」ではなく[*8]、

その商店が既に来店客を失っていたことが要因である場合もある。結果として、買い物弱者が少数に留まり、調査を通じて多少の愚痴話は聞けても「実は誰も困っていなかった」という結論に至ることも考えられる。それでも、少数とはいえ深刻な買い物弱者が出現しているなら、個別対応に近い形で（例えば福祉施策と連携して）支援することがまちづくりとして求められるかもしれない。地域の今後の高齢化（後期高齢者の増加）への対応に向けた基礎的なデータとして調査結果を活用することを、調査設計時から念頭に置くことも検討しうる。

　調査設計にあたって、特に支払い（購入）の額や利用（来店）の頻度を数字で尋ねる質問項目には、設定にも回答の解釈にも注意が必要である。「もし、こういうお店ができたら（復活したら）、週何回くらい買い物に行きたい（何円くらい購入したい）ですか？」といった質問をすると、買い物弱者対策への期待のあまり、過大な数字が回答されることがある。以下はバス交通の例であるが、千葉県市原市の郊外住宅地で、バス路線の新設を検討するために連合町内会でアンケート調査を実施した際には、実際の利用がアンケートの回答の3割程度に留まることを前提に需要予測や運行計画を進め、それが功を奏したという（酒井 2020）。交通の場合、アンケート調査には「バスが走ったら必ず乗る」と記入した回答者が、バスが実際に走ったら結局乗らないという行動を「オレオレ詐欺」になぞらえて「乗る乗る詐欺[*9]」と呼ぶ向きもある。回答者にはもちろん、詐欺をはたらく意図はなく、危機感を数字でもって若干大げさに回答しただけであろう。しかし、そうした善意が積み重なるとかえって、買い物弱者対策の場合は同様の「買う買う詐欺」に陥る恐れがある。

6 ｜ 統計づくりはまちづくり

　「地図づくりはまちづくり」（茶谷 2008、p.93）という言葉がある。自分たちのまちを歩き、その見聞をもとに地図（まち歩きマップ等）を作成すると、まちづくりのための基礎データを揃えられるという意味である。

その考え方に倣い、本章の議論を踏まえれば、「統計づくりもまちづくり」である。既存の量的データの活用・分析を進めつつも、こと買い物弱者問題に関しては、地域住民の日常生活とニーズを把握すべく独自調査を実施し、その成果を統計として集約して、まちづくりとしての意思決定の材料とすることが主眼である。

現在の国土計画の根幹をなす「コンパクト＋ネットワーク」の考え方（国土交通省2014）は、ラスト（ワン）マイルを縮めるという意味で買い物弱者対策につながるので、大いに期待できるところである。一方で、後期高齢者の住民にとっては、「Aging in Place（住み慣れたコミュニティで健康寿命を全うする）」の考え方のほうに関心が集まるであろう。土地利用パターンの変更などを含めたコンパクト＋ネットワークの実現を目指しつつ、費用対効果の制約の中で、後期高齢者の世代が喜ぶ意思決定をすることが、「買い物弱者を支援するまちづくり」の目下の望ましい姿といえる。そこに全国各地で統計（づくり）が貢献することに対し、本章の議論が一助となることを期待してやまない。

＊1　買い物弱者は「買い物難民」や「買い物困難者」、買い物弱者問題は「フードデザート問題」や「食料品アクセス問題」と称されることもある。

＊2　経済産業省、国土交通省、農林水産省といった複数の官庁がそれぞれ（言葉づかいを微妙に変えながら）政策展開していることもあり、政策評価の対象にもなっている（総務省行政評価局2017）。

＊3　ここでのラスト（ワン）マイルは、物流、つまりモノ（商品・貨物）の立場による概念であり、工場や農場からの出荷をファースト（ワン）マイルとしたときに、消費者（の自宅）に届く直前の配送（宅配あるいは消費者自身による購入商品の持ち帰り）を意味している。旅客交通（ヒト）の立場からみた場合、駅やバス停留所（公共交通の結節点）から最終目的地までの交通（例えば徒歩移動）をラスト（ワン）マイルと表現することがある。旅客交通の立場からみたファースト（ワン）マイルとラスト（ワン）マイルについては、野村（2021）pp.137-138を参照されたい。

＊4　事業所や企業を対象とした各種の統計調査が経済センサスに統合された背景は、梅田・宇都宮（2009）p.211を参照されたい。

＊5　高齢者にとっては、例えば家族の送迎によって大型店舗へのアクセスが可能だとしても、大型店舗は広すぎてそもそも回遊が難しいという指摘もある（大内2022）。

＊6　「自動車利用が困難」な人とはこの場合、世帯に自動車がない人（2015年時点の65歳以上の31.2％を占める）および、家族が自動車を所有している人の半分（同12.2％：家族が自動車を所有している人の半分は、送迎等によって家族の自動車を利用できると仮定している）の合計（同43.4％）を指している（薬師寺2018）。

*7　谷口 (2018) は、まちづくりにおけるテーマ設定 (問題意識の醸成やワークショップの実施)、ヒアリング (インタビュー調査)、アンケート調査、成果のプレゼンテーションまでの一連の流れを、その都度必要となる手法と合わせてまとめている。付録 (pp.141-148) にあるアンケート調査票の実例は、東日本大震災からの復興に関連させて住民の買い物行動を調査したものであり、非常に参考になる。

*8　例えば、撤退した商店に関して「品揃えが悪かったので、そもそも足が遠ざかっていた」といった反応が寄せられたこともあった (髙橋愛典ほか 2018, pp.121-122)。

*9　(株) 光タクシー (北九州市八幡東区) の石橋孝三社長の言である (2019年2月のインタビュー調査)。同社は表1にある「枝光やまさか乗合ジャンボタクシー」の運行によって、買い物弱者対策および商店街活性化への貢献を続けている (石橋 2018)。

参考文献

●東伸一・懸田豊・三村優美子 (2016)「第6版へのはしがき」鈴木安昭『新・流通と商業』(第6版) pp. i-iii、有斐閣

●石橋孝三 (2018)「タクシーの地域交通化と生き残り戦略」地域科学研究会『タクシー・イノベーションと乗務員不足対策への挑戦』第5章第1節

●梅田雅信・宇都宮浄人 (2009)『経済統計の活用と論点』(第3版) 東洋経済新報社

●大内秀二郎 (2022)「買い物弱者問題」東伸一・三村優美子・懸田豊・金雲鎬・横山斉理 (編)『流通と商業データブック：理論と現象から考える』第9章コラム、有斐閣、pp.181-185

●経済産業省 (2010)『地域生活インフラを支える流通のあり方研究会報告書』

●国土交通省 (2014)『国土のグランドデザイン2050』

●駒木伸比古 (2016)「経済センサス実施にともなう商業統計の変容とその利用」『E-journal GEO』第11巻第1号

●酒井裕規 (2020)「地域交通の維持における住民参画の意義と課題」青木亮 (編著)『地方公共交通の維持と活性化』第9章、成山堂書店

●総務省行政評価局 (2017)『買物弱者対策に関する実態調査結果報告書』

●高橋克也・薬師寺哲郎・池川真里亜 (2020)「新たな食料品アクセスマップの推計と動向」高橋克也 (編著)『食料品アクセス問題と食料消費、健康・栄養』第4章、筑波書房

●髙橋愛典 (2017)「少子高齢化と買い物弱者対策」塩見英治 (監修)、鳥居昭夫・岡田啓・小熊仁 (編著)『自由化時代のネットワーク産業と社会資本』第17章、八千代出版

●髙橋愛典・浜崎章洋・久保章・田中康仁 (2018)「大都市圏郊外における買い物弱者問題の一断面」『商経学叢』第64巻第3号

●谷口守 (2018)『実践　地域・まちづくりワーク』森北出版

●茶谷幸治 (2008)『まち歩きが観光を変える』学芸出版社

●野村実 (2021)「MaaSの発展によるモビリティの変革」切通堅太郎・西藤真一・野村実・野村宗訓『モビリティと地方創生』第8章、晃洋書房

●薬師寺哲郎 (2018)「高齢者の自動車利用」農林水産政策研究所研究成果報告会「新たな食料品アクセスマップからみた食料アクセス困難人口の動向」(7月4日) 資料

第10章 交通事故を減らすまちづくり

曽田英夫
Soda Hideo

戦後、自動車交通の発展とともに、そのマイナスの要素として「交通事故」が社会問題として注目されることとなった。そもそも「事故」とは「日常にない不幸な出来事」である。要するに自動車交通の発展と引き替えに交通事故が増加し、それによって「負傷」する、あるいは「死亡」する、負傷して治療したが「後遺障害」が残った人など、文字通り「不幸な人」を生み出している。

　まちづくりという際に、あまり交通事故の議論はなされないが、日本全国で年間2839人（2020年、24時間以内）も亡くなる「不幸」である。今後のまちづくりでは、このような「不幸な人」を生み出さない「交通事故ゼロ」を目指すべきであろう。

1 | 地域の交通事情と交通事故を知る

　地域内の交通事故を考えるにあたり、まず、地域の交通事情を知る必要がある。具体的には、自動車保有台数、運転免許保有者数、自動車走行距離、道路実延長、信号・道路標識等である。これらは、それぞれ、一般財団法人自動車検査登録情報協会、都道府県の警察本部、国土交通省のホームページや刊行物、また、信号・道路標識は、公益財団法人交通事故総合分析センター『交通統計』から把握できる。ただし、警察のホームページで把握できるデータは都道府県によって詳細が異なる。特

に市町村レベルでの統計は、必ずしもすぐに入手できる形になっておらず問題があるが、まちづくりを考える際には、市町村レベルで把握し、さらにその実態を近隣の市町村と比較し、それぞれの市町村の特徴を捉えることも必要であろう。

　交通事故については、都道府県の警察本部のホームページからそれぞれ事故の内容も含め、詳細な統計データが提供されている。統計書としては、例えば、先の『交通統計』には毎年の県別交通事故死者数等、詳細な統計が掲載されている。

　実際に、筆者が居住する埼玉県を見てみよう。埼玉県は、交通事故死者数は、2018 年でみると、年間 175 人となり、愛知県、千葉県についでワースト 3 位である。もっとも、人口 1 万人あたりでみると、0.24 人となりベスト 5 となる。統計をどのようにみるかでかなり印象が変わる。

　さらに、まちづくりという観点からは、市町村別の姿を見ると、例えば、埼玉県の場合、2018 年の交通事故死者数は、蕨市や桶川市で 0 人だったのに対し、人口 1 万人あたりでみると、最も多い美里町は 0.89 人である。とはいえ、美里町は人口規模が小さく、実際の死者数は 1 人であり、あまり比較にならない。データをみるときには、こうした点も気を付けてみる必要がある。そこで、一定の人口規模のある市レベルで比較すると、最も多い秩父市は、人口が 6 万人を超えており、5 名の死者数から、1 万人あたり 0.78 人と埼玉県で最も大きい。ただし、これでも 5 名ということであれば、プラスマイナス 1 名でデータは大きく変動する。

　このような統計を用いる場合は、年による変動を均すために、ある程度長い時系列でデータを確認することが求められる。改めて、埼玉県の人口 1 万人当たりの交通事故死者数について、2011 年から 2018 年の平均値をとって、上位、下位のそれぞれ 3 都市、それに県庁が位置するさいたま市浦和区、筆者が住む所沢市をみてみよう。これをみると、最も少ない蕨市が 0.04 人、最も多い飯能市が 0.50 人で、さいたま市浦和区は 0.14 人、所沢市は 0.18 人である。

表1　埼玉県における都市別の人口1万人あたり交通事故死者数の推移

		2011	2012	2013	2014	2015	2016	2017	2018	2011-18平均
1	蕨市	0	0.14	0	0.14	0	0	0	0	0.04
2	富士見市	0.09	0.09	0	0.09	0.09	0.09	0	0.09	0.07
3	志木市	0	0	0.14	0	0.26	0.13	0	0.26	0.10
10	浦和区	0.07	0.13	0.13	0.33	0.12	0	0.25	0.12	0.14
21	所沢市	0.24	0.15	0.09	0.23	0.23	0.06	0.2	0.23	0.18
47	加須市	0.17	0.26	0.69	0.17	0.7	0.35	0.35	0.7	0.42
48	秩父市	0.3	0.44	0.3	0	0.78	0.31	0.62	0.78	0.44
49	飯能市	0.37	0.25	0.49	0.49	0.75	0.5	0.37	0.75	0.50

注：各都市の番号は、2011〜18年の平均値の埼玉県内での順位
出所：財団法人交通事故総合分析センター『交通統計』（平成25年版〜令和元年版）

　ただし、平均値に一定の差があるとしても、この値も年によって振れがあるため、年ごとの分散も考慮して、平均値の差が統計的に有意な差となっているかを確認すると、実は、比較的死者数が少なく見える所沢市の場合、蕨市より有意に交通事故死者数が多いことがわかる[*1]。商用の自動車の通過交通量など、都市によって交通環境は異なるため、こうした交通事故死者数の多寡が、単純にまちづくりに起因するものではないが、自らの都市の特徴をみるためには、このように一定のデータを蓄積し、比較する都市と統計的な検定を行うことが有用である。ちなみに、ワースト3位の加須市の平均値は、所沢市の平均値に比べて有意に交通事故死者数は多く、ワースト1位の飯能市もその差異が明確であることが確認できる。

2 ｜ 交通事故を減らす工夫

　交通事故を減らすために、これまでにもさまざまな取り組みがなされてきたが、近年、まちづくりと連携する施策として、次の2つの施策が注目されている。

第Ⅰ部

第Ⅱ部

第Ⅲ部

政策づくりに統計を活かす

まず、「歩車分離式信号の整備推進」である。これは、信号交差点において、横断歩行者と右左折の車両との交錯を避けるために、歩行者と車両の信号を分離して制御するもので、警察庁によると、2020（令和2）年3月末現在、全国で約9577基が設置されている。これは、全国の信号機整備数、約21万基の約4.6％程度になる。

　歩車分離式信号は、2002（平成14）年1月から半年間、全国で100ヶ所の交差点を抽出してモデル運用を実施してその効果が確認された。すなわち、このときの運用から、交通人身事故の発生件数が約4割減少し、そのうち人対車両の事故は約7割減少、車両事故も3割減少するといった効果があったこと、しかも渋滞も2％減少し、地域住民は7割以上が導入に賛成という結果であったため、全国的に整備が進められてきた経緯がある。

　次に「ゾーン30の推進」である。「ゾーン30」とは、設定した区域（ゾーン）において、最高速度毎時30キロメートルの区域規制、路側帯の設置・拡幅、通行禁止等の交通規制の実施、「ハンプ」の設置等の対策によって区域内の速度を規制し、通過交通の抑制排除を図るものである。2011（平成23）年度から2020（令和2）年度末までに全国で4031地区が整備された[*2]。なぜ、時速30kmかというと、30kmを超えると致死率が高くなるためである。実際、平成2018（平成30）年度末までに全国で整備されたゾーン30、3649ヶ所において、整備前年度の1年間と整備翌年度の1年間における交通事故発生件数を比較すると、事故全体で23.9％、うち歩行者の事故は19.6％減少したことが明らかになっている。

　ちなみに、ゾーン30は、日本の場合、都市内のある特定の区域の生活道路を対象に設定されるが、フランスでは、より広範囲の設定による徹底的な歩行者優先策が進められている。例えば、ナント市では一部幹線道路を除く市域の80％が2020年にゾーン30に指定され、パリ市も2021年8月から、環状道路などごく一部の幹線道路を除き、都心全てにゾーン30が適用されることとなった。

3 | まちづくりの実例にみる道のつくり方
埼玉県所沢市椿峰ニュータウン

　まちづくりにおいて、交通事故を減らそうとするのであれば、道路は自動車が優先するという考え方を根本的に改めてしまえばいい。それに近い考え方を実践した事例が筆者の住む埼玉県所沢市にある。

　「椿峰ニュータウン」は、所沢市西部の狭山丘陵の一角に位置し、林や畑地を切り開いて開発された住宅地である。「椿峰」の地名の由来は新田義貞が戦のとき、この地に陣を張り食事のときに箸に代用した椿の枝を挿したものが生育したことに依っている。当ニュータウンの詳細は、非売品であるが所沢市椿峰土地区画整理組合が 1985（昭和 60）年に発行した『土地区画整理事業竣工記念誌　椿峰』（以下『椿峰』と記す）に詳細が書かれているので、同書によりニュータウンの道の設計をみたい。

　同ニュータウンは 1978（昭和 53）年 10 月の起工式以来、満 7 年の歳月を経て竣工した。施行面積は約 51.4 ヘクタール、居住人口は約 6000 人、事業費は 8 億 3000 万円の規模であった。

　このニュータウンの特徴は、基本方針の一つに「歩行者が安全に通行できる道路の整備」（『椿峰』65 頁）としている点で、「人命の尊重、交通事故の防止はもとより、歩行者優先の原則を守り、歩車道の分離を図る。」（同 72 頁）ということを道路作りの方針としている。

　具体的には、生活のための道路の中にニュータウンを東西に走る「幹線道路」を設けているが、『椿峰』では「幹線道路として、幅員 9m、延長 1433m を計画し、地域内生活機能の円滑化を図る区画道路（4m、6m、7.5m、9m）を 1 万 641m 整備しました。…9m の幅員の道路はすべて歩車道分離を原則とし、安全で快適な生活環境を得られるようにしました」（66 頁）と書かれている。幹線道路は「椿峰中央通り」と称しているが、**図 1** のようにかなり曲がりくねった道路で、その点については、「現況地形を出来るだけ活かすという基本方針から、車の走行上の安全確保を図り、生活道路として支障のないように設計しました。現況地形を活か

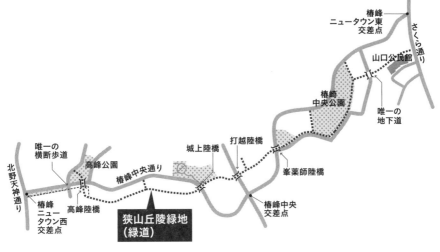

図1　椿峰ニュータウン椿峰中央通りと狭山丘陵緑地（緑道）

しているため、曲線部が多くなりましたが、走行上の安全を高めるため、曲線半径を大きく取るようにしました」（85頁）とある。

　筆者は曲線が多いのは事故防止のため意識的に計画されたのではないかと考えていたが、そのような意図は書かれていない。とはいえ、道路は曲線だけでなく、アップダウンもあり、**図2**のとおり、「幹線道路」といいつつ、全区間最高速度は時速30キロ、追越禁止、駐車禁止、大型貨物自動車等通行止めとなっている。いわば広域の「ゾーン30」となっている。また、交差点手前がカーブしているところには**図3**のように「補助信号灯」も設置されていて追突防止の一助となっている。実際に運転すればスピードを出したくても出せない道路構造となっている。これで事故は抑制できると思われる。

　幹線道路、区画道路以外に、**図1**のとおり遊歩道としての「狭山丘陵緑地」（緑道）も作られた。それは事業のシンボル的施設として椿峰ニュータウンをほぼ東西に通り、その先まで行けば狭山湖に至る。総延長1400m、幅員6mで丘陵地の地形を活かした設計となっている。

　『椿峰』によれば「この緑地は、所沢市『緑のマスタープラン』の一環として整備され、一般道路とは分離され、災害時には避難場所ともなり

第**10**章　交通事故を減らすまちづくり

135

図2 椿峰ニュータウン入口の「椿峰ニュータウン東交差点」にて「椿峰中央通り」の入口を撮る。道路はセンターラインのある片側1車線、両側に歩道があり、時速30キロ制限、追越禁止、大型車両通行禁止の標識が立っている。写真ではすぐに左にカーブし、登り坂になっている事が分かる。
2019年11月2日撮影

図3 「椿峰中央交差点」の手前道路はカーブしているので、交差点の手前に「補助信号灯」が設置されている。信号で停車する自動車は多く、この信号で追突防止などに有効である。
2020年2月11日撮影

図4 狭山丘陵緑地（緑道）は一般道路とは立体交差となっている。写真の上に架かっている鉄橋が緑道の「峯薬師陸橋」、下が「椿峰中央通り」である。このようにして緑道の安全が図られている。
2019年11月2日撮影

図5 狭山丘陵緑地（緑道）である。遊歩道と両側に植栽があり、四季折々の花々木々を楽しむ事ができる。また左側に「休息所」のベンチが設置されている。散歩する人、犬を散歩させている人が緑道を楽しんでいる。
2019年11月2日撮影

図6 狭山丘陵緑地（緑道）の「椿峰ニュータウン西」交差点の緑地の終点に立つ表示板で、「全長1390m」「徒歩約20分くらい」と書かれている。
2020年2月11日撮影

ます。また、主要施設として、陸橋5ヶ所、地下道1ヶ所、園路灯52基、休息所8ヶ所、四季折々の緑として高木・中木あわせて約1500本の植栽を行っています。子供達にはかかせない公園も緑道沿いにあり、のびのびとした空間をかたちづくっています」(6頁)と「緑道」の概要が書かれている。

この緑道の良さの一つは、一ヶ所だけ交差部があるが、**図4**の通り一般道路との交差部は陸橋となっていて立体交差となっている点である。そのため、自動車交通と会うことがなく、安心して歩くことが出来る。自転車走行は禁止され、**図5**のとおり歩行者、犬の散歩、ジョギング、ランニングを楽しむことができる。**図6**のとおり、歩行の場合は片道約20分である。

この緑道の良さのもう一つの点は植栽である。四季それぞれに花々や木々の美しさに触れられることである。さらに天候によっては富士山を眺められるポイントもある。そして最後の良さは人と人のコミュニケーションが図れることだと考える。

椿峰ニュータウンのまちづくりは30余年も前の事業であるが、道路づくりの基本的な方針は現在でも生きていると思われる。

＊1 「平均の差の検定」と呼ばれる統計分析は、エクセルなどの簡単なスプレッドシートで計算が可能である。ちなみに、本文で触れた所沢市と蕨市、所沢市と加須市の平均値の差は、有意水準5%のt検定で有意と判定され、95%の確率でその差に意味があるということになる。一方、所沢市と飯能市の平均値の差は、有意水準1%のt検定で有意と判定され、99%の確率でその差に意味があるということがいえる。

＊2 警察庁ホームページ (https://www. npa. go. jp/bureau/traffic/seibi2/kisei/zone30/pdf/zone30. pdf、2021年7月11日参照)

参考文献

●公益財団法人交通事故総合分析センター『交通統計』2014年〜2020年
●所沢市史編さん委員会編(1992)『所沢市史』(下)所沢市
●所沢市椿峰土地区画整理組合(1985)『土地区画整理事業竣工記念誌　椿峰』(非売品)

第11章 アフターコロナ時代における観光の見える化

大井達雄
Oi Tatsuo

第Ⅰ部 第Ⅱ部 第Ⅲ部 政策づくりに統計を活かす

1 │ 新型コロナウイルス感染症と需要管理政策

新型コロナウイルス感染症の流行によって、世界中の観光市場は大きな痛手を負った。発生前は世界的な観光ブームが起こり、日本もインバウンド観光を中心に恩恵を受けていたことは記憶に新しい。発生後、多くの観光地で観光客が消失し、土産店や飲食店が休業に追い込まれた。最近ではワクチン接種の効果もあり、一部の観光地では回復過程にあるものの、以前の水準に回復するのにどのくらいの時間がかかるのかは不透明な状況である。

数年前までは多くの観光客が有名な観光地に訪れ、混雑することが日常の光景であった。しかしながら、今後は観光客が大挙して押し寄せる観光地は敬遠される可能性がある。つまり3密対策や清掃・消毒などの感染防止対策が行われていない観光施設や飲食店は観光客から選ばれないだろう。また新型コロナウイルス感染症の流行が完全に終息した場合にも、オーバーツーリズムの再来は避けなくてはならない。地域住民の生活や自然環境、景観などに悪影響を及ぼすことは、国際的な目標であるSDGsの達成を困難とするためである。今後は感染・混雑対策が一層重要になる。事業所単位の感染症対策については、それぞれの業種で具体的なガイドラインやマニュアルが作成され、かなり浸透している。一方で観光地域単位の感染症対策についてはまだまだ十分ではない。その

ために正確な観光需要量を予測すると同時に、観光客の適正な規模での受け入れ、すなわち需要管理政策が今後の観光振興に不可欠なものとなる。適正規模の観光客を受け入れることによって一定の距離を保ち、密を避けることが求められている。

　美術館などの有料施設で予約制を導入することは実現可能である。しかしながら、地域単位では予約制の実施は困難である。観光客を強制的に拒否し、排除することは難しい。そこで、観光地における需要管理の具体策として、まず混雑情報の提供が挙げられる。天気予報のような具体的な場所や時間、交通機関などの情報を観光客に提供することによって、自発的な観光行動の抑制と分散を期待するものである。現在、京都市などの一部の観光地では混雑情報をネット上で公開している。**図1**は京都市の「3密回避に役立つ観光快適度マップ－京都観光 Navi」を紹介している。このマップでは人気観光スポット周辺の時間帯別の観光快適度の予測やリアルタイム情報のほか、日中でも比較的空いている魅力的な観光スポットなど、密を避けた観光に役立つ情報を提供している。日時と当日予想される天気（晴、雨や大雨）を選ぶと、京都市内の7つのエリアの人気観光スポット11ヶ所周辺の観光快適度の予測を5つのアイコン（「ゆっくりと観光できます」〜「多くの観光客で賑わいます」）で把握できる。もともとはオーバーツーリズム対策として構築されたものであるが、新型コロナウイルス感染症の影響により3密回避のための情報提供が中心となっている**（図1）**。

　混雑マップの全国的な展開が今後期待される。しかしながら、混雑情報の提供だけでは、必ずしも十分な効果が期待できない。また観光客の減少は収入減を意味する。そこでダイナミックプライシングを導入し、収入の最大化を図る必要がある。ダイナミックプライシングとは、商品やサービスの価格を需要と供給の状況に応じて変動させる価格戦略を意味する。宿泊産業や航空産業だけでなく、スポーツイベントのチケット販売などでは導入されているもの、まだまだ観光市場において拡大の余地がある。

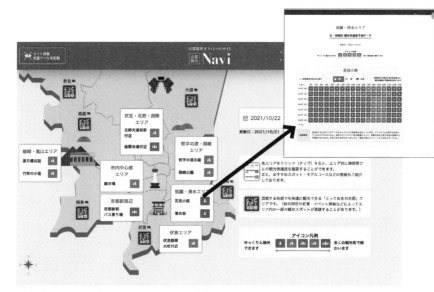

図1　3密回避に役立つ観光快適度マップー京都観光 Navi
出典：「京都観光 Navi」の HP（https://ja. kyoto. travel/comfort/）より

　ダイナミックプライシングの具体的な手法として、回帰分析や人口知能（AI）などの研究が見られる。詳細な内容については、本書の内容を超えているので、機械学習やディープラーニングに関する書物を参考にしてほしい。まだまだ実務において導入には課題があるものの、今後発展することは間違いない。いずれにせよ、アフターコロナ時代における観光振興において、リアルタイムデータの比重が高まり、ビッグデータを駆使することが重要となる。それは新型コロナウイルス感染症の影響に関係なく、時代の趨勢である。

2 ｜ 観光振興にとって必要不可欠なデータとは

　前節ではアフターコロナ時代における観光振興のための必要なデータの活用方法について述べた。以下では新型コロナウイルスに関係なく定説とされる統計情報について説明する。観光庁は、観光地域づくりの舵取り役を担う法人として、DMO（Destination Management / Marketing Organization）

表1　観光振興に必要な統計情報一覧

主要情報	具体的な項目など
1. 観光入込客数	延べ数・実数、国内・海外
2. 宿泊者数	延べ数・実数、国内・海外、客室稼働率、平均滞在日数
3. 旅行消費額	1人回当たり消費額（費目別）、観光産業の収入、経済波及効果
4. メディア対応	メディア露出度、記事掲載数
5. デジタル・マーケティング	WEBサイトのアクセス状況、SNSフォロワー数
6. 来訪者満足度	アンケート、インタビュー、口コミやSNS
7. リピーター	割合、回数、行動パターン
8. 雇用創出効果	就業者数、失業率
9. 地域での税収入	宿泊税、所得税、法人税
10. 投資効果（ROI）	マーケティングや広報などの費用対効果の計測
11. その他	住民の満足度、説明会や研修会の回数、補助金など

出典：観光庁（2016）, 121-122頁を参考に作成

　の設立を要請している。DMO の登録の 1 つの要件として、各種データなどの継続的な収集・分析、データに基づく明確なコンセプトに基づいた戦略（ブランディング）の策定、KPI（重要業績評価指標）の設定や PDCA サイクルの確立が求められている。つまり、観光まちづくりにおいてはデータに基づいた事業運営がますます重要となっていることを意味する。実際に DMO が入手や分析すべき具体的なデータの内容として、**表1** のように整理することができる。**表1** の内容は DMO に限らず、その地域の利害関係者も注視すべきデータである。**(表1)**

　簡単に**表1**の内容について説明する。まず観光入込客数（日帰り客数）と宿泊者数はその地域に訪れる観光客の量を把握する上で重要な指標である。当然のことであるが、数値の大きさが観光地の知名度やブランド力を意味する。一般的に日帰り客数よりも宿泊客数の方が重視される傾向にある。その理由として宿泊客のほうが滞留時間が長く、その結果、観光消費額が大きくなるためである。一方で日帰り客数は宿泊者数と比較して把握が困難なことが多い。宿泊者数の場合、観光地に存在する宿

泊施設に協力を依頼すれば計測することができる。また性別や国籍などの個人属性の情報もあわせて収集することができる。しかしながら日帰り客の場合は多様な交通機関を使用することや、街並み散策のような行楽も多いことから、計測方法を誤れば過大推計となる。正確な日帰り客数（実人数）を把握するための1つの方法として、観光庁の「観光入込客統計に関する共通基準」を使用することが求められる。

　旅行消費額については、地域への経済波及効果を計測するためには必要なデータである。いくら来訪者が多くても、何ら消費活動を行わないのでは地域経済は潤わない。やはり観光客が消費する仕掛けを考える必要がある。旅行消費額については、日帰り客と宿泊客に分類する。さらに実人数1人当たりの金額で、かつ費目別（宿泊費、飲食費、物品購入費、入場料、ならびに交通費など）で調査することが望ましい。旅行消費額を把握するためには、来訪者に対するアンケート調査（またはWEB調査）を実施する必要がある。金額を尋ねる調査であるので、回答者が過少に回答する可能性がある。そのため虚偽の報告をしないような配慮が求められる。また調査の時期（春、または夏か、週末か平日かなど）によって数値が大きく変わる可能性もあり、同様の調査でも複数回実施することが理想的である。

　上記の観光入込客数、宿泊客数、および1人当たりの旅行消費額の金額を調べることができれば、その観光地の旅行消費額の規模を把握することができる。この数値は観光振興の現状を把握する重要な基礎資料となる。しかしながら、その金額すべてが当該観光地にもたらす経済波及効果を意味しない。例えばお菓子を購入しても、それが県外で製造されたものであれば、地元にはお金がほとんど落ちないことになる。観光消費の経済波及効果を高めるためには域内調達率を高める必要がある。同時に地域経済が潤うようなサプライチェーンを構築することが重要である。そのためには地域の産業連関表を整備する必要があるものの、データの制約もあり整備している自治体は少ない。

　この他には統計情報として、メディア対応とデジタル・マーケティン

グが挙げられる。SNS が普及しているとはいえ、現在においてもマスメディアの情報発信力は大きく、テレビ、ガイドブック、新聞や雑誌などでの宣伝効果は内容や掲載回数だけでなく、集客効果も含めて分析する必要がある。この点もアンケート調査を実施する必要がある。

　デジタル・マーケティングについては、特に外国人観光客を誘客する上で重要となる。掲載内容や言語の種別を吟味し、どのような地域から閲覧されているのかについて分析することができる。その結果から閲覧回数が少ない場合には、HP の内容を変更することになる。また WEB の閲覧上位の国や地域に対して重点的にキャンペーンを行うことも検討する余地がある。くわえて SNS による情報発信の活用も重要である。訪日外国人観光客の多くが日本の観光地の情報を集めるうえで使用しているのが SNS である。SNS の発信は信頼性が高く、口コミ効果として期待できる。また外国人観光客みずから発信するので、低コストで済む。当然のことではあるが、SNS の発信量を増加させるためには外国人観光客のニーズを正確に把握し、満足度を高める体験を提供し、感動を味わってもらうしかない。

　来訪者満足度については、観光地のイメージや観光振興策の評価を聞くうえで重要な情報となる。長所についてはさらに伸ばすような方策を考え、改善点については早急に対応する必要がある。またリピーターの把握も重要である。観光客の心理として、一度その観光地を訪れれば、満足していても再訪する必要がないと考えることもある。しかしながら、今後、多くの自治体が競合して観光振興を行うことになると、やはり固定客となるリピーターを獲得するための戦略が求められる。ただしリピーターの定義については正確なものはない。それぞれの観光資源を踏まえ、リピーターを定義する必要がある。来訪者満足度とリピーターに関する統計情報を入手するためには、やはり独自でアンケート調査を実施するしかない。多くの自治体で類似調査を行っているので、それらの調査票を参考にしてほしい。

　表 1 に記載している雇用創出効果、地域での税収入、ならびに投資効

果（ROI）などについては、現在のところ、定説となるようなデータの収集や分析方法が確立しているわけではない。独自調査を行うことが理想であるが、類似の既存の統計調査を参考にすることが現実的である。例えば、経済センサスを使用して、飲食店が少ないことを把握できれば、新規参入のための補助金制度を拡充することなどが考えられる。いずれにせよこれらは今後の観光振興を実施する上で重要な指標となるといえる。

　以上で、観光振興において必要なデータについて紹介した。しかしながら、**表1**のような広範囲なデータを地方自治体やDMOが単独で収集するのは物理的に難しい。そのため内閣官房まち・ひと・しごと創生本部事務局・国土交通省・観光庁（2021）では、DMOにとって最低限度必要なデータとして、6つの主要KPI（①WEBサイトのアクセス数、②観光入込客数、③延べ宿泊者数、④旅行消費額、⑤来訪者満足度、⑥リピーター率）の収集や活用を推奨している。

　その理由として、**図2**のように、旅行・行楽活動は、旅行先に興味を持つ「旅前」、実際に出かける「旅中」、さらに来訪経験からその地域が好きになる「旅後」の3つの段階に大きく分けることができる。「旅前」においては①、「旅中」は②～④、「旅後」は⑤と⑥がそれぞれ該当する。このように各段階において収集・分析すべき統計情報が異なることが観光振興を行う上で重要となる。**(図2)**

図2　6つの主要KPI
出典：DMOネットのHP（https://www.dmo-net.jp/）より作成

3 ｜ 観光振興におけるビッグデータの活用

　上記のデータに加えて、最近ではビッグデータの活用も観光振興の策定に際して重要なツールとなっている。その代表例として、RESAS（地域経済分析システム）が存在する。RESASには観光客の動向を把握するためのデータとして、観光マップが存在する。観光マップには「目的地分析」、「From-to分析（宿泊者）」、「宿泊施設」、「外国人訪問分析」、「外国人滞在分析」、「外国人メッシュ」、「外国人入出国空港分析」、および「外国人移動相関分析」が提供されている（2021年12月末時点）。

　図3は、RESASにおける「外国人メッシュ」の首都圏のデータを示している。地図から東京都を中心に色が濃いことから、外国人観光客が多く滞留していることがわかる。このように最近では観光ビッグデータを空間情報として把握することが主流である。地図上での可視化を通じて外国人にとって人気のあるホットスポットを把握することができる。このような分析は従来の政府統計とは違った視点で新たな知見を生み出すものであり、ますます普及することが予想される。**(図3)**

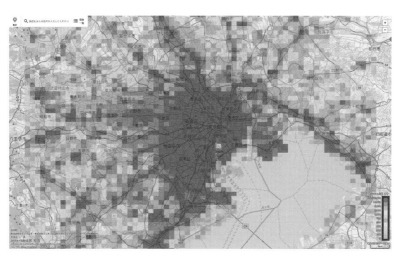

図3　RESASの観光マップの外国人メッシュ
出典：RESASのHP（https://resas.go.jp/）より

　しかしながら、「外国人メッシュ」を使用した分析を行うことができる地方自治体は一部に限られている。**図3**からもわかるように、データが存在しない地域もみられる。この理由として、そもそも外国人旅行者が訪問していないことや、個人情報の取り扱いでデータが提供できないことが考えられる。

　また、今後外国人観光客を増加させるためには、キャッシュレス化への対応も重要である。外国人観光客の日本滞在中の不満の1つに、キャッシュレス化の問題が挙げられる。そのため政府や地方自治体が中心となって環境整備を進めている。このようなキャッシュレス化の情報は観光地単位で集計することによって、経済波及効果の把握だけでなく、マーケティングへの応用が期待できる。具体的にはRESASの消費マップの「外国人消費の比較（クレジットカード）」や「外国人消費の構造（クレジットカード）」を活用してほしい。

　RESASの外国人旅行者に関するデータは、年次単位、または都道府県単位のものが多いため、小地域単位の観光地の実態を把握することは困難かもしれない。そのため継続的にそれぞれの組織が独自で情報を入手することが重要であり、RESASのようなデータベースは他の地方自治体との比較やベンチマークの策定に役立つ。比較を通じて、当該観光地がどの点で優れて、または劣っているのか、さらに改善のためにどのような対策が必要なのかを検討する機会を提供するものである。

　既存の観光統計の多くが年間の集計値であるため、個々のイベントの効果を把握することが難しいといえる。そのため、携帯電話の大手キャリアやスマホで旅行や交通関係のアプリを提供する会社などが中心となって、外国人観光客の小地域単位での観光行動の実態を提供するサービスも存在している。有料ではあるが、そのようなサービスを使用することも場合によっては有効である。

4 | データに基いた観光振興を行う上での注意点

　上記で、観光振興を行う場合に必要となる統計情報の内容について説明した。最後にデータに基づいた観光振興を行う上での注意点について述べたい。観光庁が設立されてから、さまざまな統計が発表されているものの、実際に観光振興に使用する場合には、公表が遅いことや都道府県単位のデータが中心であるため、現場で活用できないという声が多方面でみられる。やはり行政と民間など複数の組織が協力して独自調査(アンケートやWeb調査など)を行う必要がある。もちろん調査は継続的に行わなければならない。必要な時に必要なデータを入手することも大事ではあるが、定期的に同種の調査を行うことも時系列上の比較の観点から重要である。

　独自調査ができない場合には、最近では観光に関するデータが民間や公的機関などを中心に提供されている。有料のデータも存在するが、観光庁が公表している統計調査よりも即時性があり、かつ小地域単位の情報を提供しているため、具体的な観光振興を行う際に有益なことがある。ICTの発展を通じて、今後もより多様なデータが提供される可能性がある。

　いずれにせよ、観光に関する統計情報が提供されて日が浅いこともあり、まだまだ課題が多いのが現状である。もちろん、新型コロナウイルス感染症の影響もあり、大きな構造変化が発生したために、データの経年比較も困難となっている。さらに観光統計の場合、調査方法を変更すれば、数値が大きく変動する可能性がある。そのため、観光振興に従事している利害関係者は1つの数値の増減に一喜一憂するのではなく、複数の情報源を使用して、観光振興や観光経営を行うことが重要となっている。

参考文献

◉観光庁 (2016)「国内外の観光地域づくり体制に関する調査業務」(https://www. mlit. go. jp/kankocho/topics04_000061. html)
◉内閣官房まち・ひと・しごと創生本部事務局・国土交通省・観光庁(2021)「『日本版DMO』形成・確立に係る手引き」(https://www. mlit. go. jp/common/001229602. pdf)
◉日経ビッグデータ (2016)『RESASの教科書 リーサス・ガイドブック』日経BP

Column

統計データで伝える
地域の魅力

多田 実

京都府の久御山町や長岡京市、与謝野町では、統計データに基づいて地域の魅力を分析してパンフレットにまとめ、配布・広報している（それぞれの PDF は下記 URL「京都府企画統計課」の Web ページから閲覧・ダウンロード可能）。

http://www. pref. kyoto. jp/
tokei/news/chiikibunseki/
chiikibunsekitop. html

　これらは、京都府が平成 28 年度から取り組んでいる「統計データ利活用市町村応援事業」における成果物であり、市町村の職員が統計分析手法を研修会で学びながら統計データに基づいて地域の魅力を明らかにし、地域創生などに役立てようとする試みである。

　ここで用いられた主な統計データは、国勢調査と住民基本台帳人口移動報告や、経済センサスと農林業センサスから入手していて、いずれもオープンデータとして公開されているので、特別な手続きをしなくても「総務省統計局」や「農林水産省」のホームページにアクセスすれば誰もが閲覧できる（また、これらのデータは、政府統計のポータルサイト「e-Stat（イー・スタット）」https://www. e-stat. go. jp/ にまとめられており、Excel データ形式でダウンロードが可能）。

　このような統計データから地域の魅力を見つけて発信していく取組み

は、勘や経験に頼らず事実（エビデンス）として「見える化」しているため説得力があり、さらには他の関連する地域のデータと比較することにより、地域の魅力の相対的な位置付けを明確にするという利点ももたらす。統計データというと、何やら難しそうな印象を受ける人でも、わかりやすい図表や写真、イラストとともに、市町村の特徴をランキング形式などで見ることのできるパンフレットがあれば、自らのまちの魅力を客観的に再確認する良い機会になるだろう。

いわゆる EBPM（Evidence Based Policy Making：証拠に基づく政策立案）を考える際、まずはこのパンフレットのように地域の特徴を図式化することがその第一歩になるかもしれない。

一般的に、大量データから「お宝」的な情報を見出すことをデータマイニング（data mining）と呼ぶが、高度な統計解析手法を用いなくても、各種グラフによる図式化から意外と「お宝」は得られるものである。客観的な現状認識抜きで、新たな政策を立案することはナンセンスであり、その意味でも、このパンフレットは統計学をまちづくりに活かすことを考える人たちにとって有用なお手本となりうる資料と言えるだろう。

Column

第 **12** 章

まちの文化遺産を
地域づくりに活かす

多田 実
Tada Minoru

1 | 文化遺産とマーケティング

　文化遺産は、長い歴史の中で育まれ、今日まで守り伝えられてきた貴重な国民的財産であり、自国の歴史と文化への理解を深め、文化的自尊心や主観的幸福感を促進する、多元的な価値をもたらす潜在性を秘めている。そのため、文化庁では、文化財の公開施設の整備に対し補助を行ったり、展覧会などによる文化財の鑑賞機会の拡大を図ったりするなど、文化財の活用のための措置も講じている。さらに、我が国を代表する文化遺産の中から顕著な普遍的価値を有するものをユネスコに推薦し、世界文化遺産への登録を推進している[*1]。

　観光政策や文化政策にも関わる、いわゆる地域活性化にマーケティング思考を活かす試みは、「地域マーケティング」と称されることが一般的で、マーケティングの伝統的な概念である 4P 戦術や STP 戦略に基づく方策が提案されることが多い。その典型的なアプローチでは、特産品や観光名所などの効果的なプロモーションや PR 方法に主眼を置く。もちろん、文化遺産に対しても、このようなアプローチは有効でないとは言えないが、文化遺産がもつ多元的な価値を重要視するのならば、より新しい手法であるマーケティング 3.0（別名「価値主導型マーケティング」）の適用が自然な分析アプローチであると考えられる[*2]。なぜならば、これにより、機能的価値、感情的価値に加えて、精神的な価値をも考慮するこ

とになるからである。

2 | 観光政策における価値とは何か

　価値主導型マーケティングの考え方を地域活性化に適用するにあた
り、まずは観光政策におけるいくつかの価値について整理しておこう。
　須田 (2003) によれば、地域活性化のために重要な観光資源のすべて
が意図して作られたものではなく、観光客がそれらに観光という形で働
きかけることによって観光資源として価値を持つと述べている。このこ
とは、伝統的文化財においても成り立つ。たとえば、歴史的な建物は観
光客のために造られたのではなく、観光者が歴史を学ぶために出かける、
映える写真を SNS (インターネット) に上げたいなど、何らかの働きかけ
や意図があって初めて観光資源になるということである。
　また、井口 (2004) によれば、観光資源は自然資源と文化資源 (人文資
源) に分けられるが、文化資源が観光行動の重要な資源になることを指摘
している。旅行者が優れた文化資源に快適に触れ合うことができるよう
に整備することを目的とする文化政策は、観光政策として考えることが
できる。文化資源は、我が国の歴史、文化などの理解のために不可欠な
ものであり、適切に保存、活用されなければならない。国レベルで、文
化財保護法の指定の対象としているのは、有形文化財、無形文化財、民
俗文化財、記念物の他、文化的景観や伝統的建造物群、埋蔵文化財であ
り、これらの保存、活用のために補助や助成が行われている。
　さらに、井口 (2004) は、1990 年代半ば以降の観光政策とマーケティ
ングの関係性についても言及している。すなわち、インターネットなど
で顧客情報が 1 対 1 の関係で管理できるようになると、マーケティン
グに大きな変化が生じ、供給側と需要側が相互に協働する「関係性マー
ケティング」を応用してオンリーワン商品を創出する場面も珍しくなく
なってきた。顧客一人ひとりの心理的な好みやこだわりに応じる商品や
サービスが供給できる社会が実現している。これを受けて、行政が決定

した文化政策に人・社会が従うのではなく、個人、世帯、地域の人々やコミュニティ社会の希求する多種多様な「ライフスタイル」を実現させるマーケティングの考え方や手法を用いて、地方自治体や企業のメセナ活動と結びついた文化政策を活用する構図が成り立つことを指摘している。

　観光とマーケティングを組み合わせた観光マーケティングの実施において、内田（2004）は、経験価値に着目することの重要性について、機能的便益のみで判断するという行動が一般的ではなくなったことが考慮されていることを、今日のマーケティングの特性から説明している。もちろん、機能的便益における評価が定まっているからこそ経験価値も付随して生まれてくるのだという見方もあるが、おそらく観光の場合には、旅という行動の特質から経験価値が格段に重視されることは明らかであろう。

3 ｜ 感情科学を考慮した文化遺産マーケティング

　ここからは、価値主導型の考え方を文化遺産マーケティングとして適用するため、京都世界遺産 PBL[*3] で「教育の場」としても長年筆者がお世話になっている二条城（正式名称：元離宮二条城）をその研究事例として紹介していくことにする[*4]。

　二条城に限らず、文化遺産に多元的な価値が存在することは言うまでもないが、それは必ずしも目に見えている分かりやすいものとは限らない。第 5 章で紹介した行動観察などの技法が役に立つ場面もあると思われるが、マーケティング 3.0 と称される価値主導型の考え方を前面に押し出して考えるのならば、人間の心理をより考慮して、潜在的な価値を明示的にデータ分析するようなアプローチが望まれるだろう。そのため、感情科学（affective science）を基とする心理学的なアプローチから、学際的かつ学術的にまったく新しい「価値主導型文化遺産マーケティング」の可能性について明らかにすることを試みた[*5]。具体的には、映像のみな

図1　パナソニック社のウェアラブルカメラ「HX-A500」

図2　POLAR 社のGPS付きスポーツウォッチと心拍計

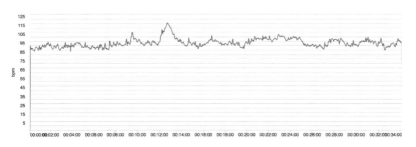

図3　ある被験者の心拍数推移グラフ

らず位置情報も取得できるウェアラブルカメラやスポーツウォッチと、心拍・皮膚電気活動を測定するために自律神経系活動測定装置を装備したフィールドワークを実施することにより、実験現場で感情の高ぶる地点を特定する（**図1、2**）。

　被験者は予め決めておいたコースを廻るが、スタート時からの経過時間を横軸に心拍数を縦軸に設定した推移グラフが得られ、GPS 機能とビデオカメラの映像から、ある経過時間にどの場所にいたかが一意に決められる（複数人の実験結果は個人差があるものの**図3**とほぼ同じ形の推移グラフになった）。

　この実験において、感情の高ぶる所や逆に落ち着ける地点を価値主導型マーケティングにおける「感情的・精神的な価値（emotional and spiritual

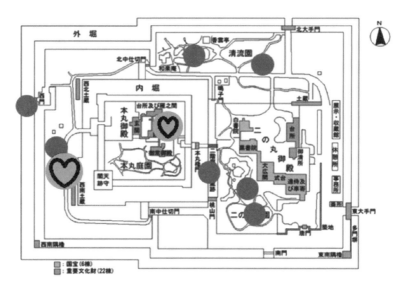

図4　二条城の感情地図（emotion map）

value）」のある場所とみなすことにより、「感情地図（emotion map）」として可視化する。このようにして作成した**図4**の感情地図では、心拍数が高くなっている地点を［♥］マークで、低くなっている所を［●］で示し、それぞれの円の大きさは心拍数の高低差の度合いを示している。

　ただし、心拍数の高低は、たとえば音楽を聴くようなときに計測するのとは異なり、巡回するコースに起伏など高低差がある場合、感情的や精神的ではなく、物理的や肉体的な反応として表れているのかもしれない。そのため、この実験においては、被験者に自由に思ったことを話しながら歩いてもらい、それを録音して、心拍数や位置情報などのデータと突き合わせることにした。その結果、［♥］マークの地点では特にポジティブなワードが出なかったので、階段の高低差によるものだと思われるが、［●］地点ではそのような理由も特段見られなかったので、心地よくリラックスできる精神的な価値のある場所と考えてよいだろう。

4 ｜ 文化遺産の位置情報マーケティング

　二条城では、大勢の外国人観光客の存在が目立つことから、直感的には地元の人はほとんど訪れずリピーターも少ないように思われるが、本当にそうなのだろうか。クロスロケーションズ社[*6]の位置情報マーケティングシステムで分析すると、2019年に2回以上訪問したリピーターは意外と多く存在し、その方々の居住エリアは二条城周辺に位置することが**図5**で示すポテンシャル分析結果から確認できる[*7]。さらには、二条城で開催されるイベントごとの来訪データも得られ、例えば「Flowers by Naked 2019」（プロジェクションマッピングイベント）の場合、**図5**（地図の右横の表示）と同様に、「1位：京都市上京区出水主税町、2位：京都市中京区朱雀第六西ノ京内畑町、…」といったランキング形式で見ることができる。チラシなどを郵便受けに直接投函するポスティングをどのエリアで実施するのか、そのターゲティングにおいて参考になる有用な資料になるだろう。

　また、二条城周辺以外で来訪率が高いエリアは、阪急もしくはJRに

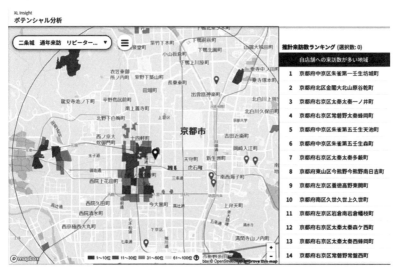

図5　二条城通年来訪リピーター（2019）ポテンシャル分析結果

添った駅周辺に存在することも**図 5**から確認できる。このような大規模なイベントは、駅構内や電車内などで広報されることが少なくないが、それにかかるコストが高くなってしまうことは否めないので、電車やバスなど公共交通機関に関する位置情報のデータ活用も、このような PRの策定時に有用になると考えられる。

交通広告の他にも、いわゆるビルボードと呼ばれる屋外広告、様々な施設の内外でのポスターやデジタルサイネージと呼ばれる電子看板など、家を出て外出時に目に触れる広告媒体が多数存在し、これらはまとめて「OOH（Out Of Home）メディア」と称される。若者のテレビ離れ、新聞離れが深刻と叫ばれて久しい昨今、いわゆる 4 マス（テレビ・新聞・ラジオ・雑誌）での広告よりもインターネットを中心とする他のメディアに注力する企業が増えている中、位置情報マーケティングを念頭に置いた OOH メディアにおける広告も重要な存在になってきていると言えるだろう。

世界中から最新の優れた広告事情を知ることができる「カンヌライオンズ[*8]（旧称「カンヌ国際広告祭」）」では、従来型の広告の他、近年、OOHメディアを主とする広告が「アウトドア部門」として注目されている。ここで表彰された秀逸な広告コミュニケーションからも、まちの文化遺産を地域づくりに活かすためのヒントを見つけていただきたい。

＊1　下記URLの文化庁Webページ「ホーム > 政策について > 文化財」を参照。https://www. bunka. go. jp/seisaku/bunkazai/index. html

＊2　第5章の図2では、マーケティング1.0（＝4P戦術）、同2.0（＝STP戦略）と同3.0とを「価値」に着目して比較している。

＊3　大学コンソーシアム京都「京都世界遺産PBL科目」二条城と同志社大学（下記URLからこれまでの活動報告書やシラバスの閲覧が可能）
http://www. consortium. or. jp/special/wch_PBL/course/nijo. html

＊4　ここで紹介しているデータや写真などの図表は、筆者が研究指導した修士論文、水上（2018）「価値主導型マーケティングに基づく感情地図の作成―二条城を例にして―」に収められているものをできるだけ改変することなく用いている。

＊5　ここで紹介している感情科学を考慮した分析アプローチ法は同志社大学「ハリス理化学研究所」で心理学を専門とする余語教授らとの学際的な共同研究成果の一端である。

＊6　クロスロケーションズ株式会社 https://www. x-locations. com/

＊7　クロスロケーションズ社のデータは、位置情報マーケティングの研究を行っている櫻井勇希氏（同志社大学大学院総合政策科学研究科博士後期課程）からの提供。

＊8　カンヌライオンズ日本公式サイト
https://www. canneslionsjapan. com/

参考文献（著者名五十音順）

◉井口貢（2004）「観光政策と文化政策」『観光文化論』ミネルヴァ書房

◉井口貢（2008）『入門文化政策―地域の文化を創るということ』ミネルヴァ書房

◉内田純一（2004）「地域ブランドの形成と展開をどう考えるか：観光マーケティングの視点を中心に」北海道大学『大学院国際広報メディア研究科言語文化部紀要』（47）、27-45

◉岡本伸之（2001）『観光学入門』有斐閣アルマ

◉佐藤達郎（2010）『教えて！カンヌ国際広告祭』アスキー新書

◉須田寛（2003）『実務から見た新・観光資源論』交通新聞社

◉多田実（2014）「特筆すべき資源がなくても地域活性化は可能か―価値主導型マーケティングの可能性」『地域の自立は本当に可能か』学芸出版社

◉多田実（2016）「感情科学を考慮した価値主導型地域活性化マーケティング」『総合政策科学の現在』晃洋書房

第**13**章

シャッター通り再生に
統計を活かす
データを用いた沖縄市の分析

足立基浩
Adachi Motohiro

1 | 中心市街地活性化をデータで考える

　中心市街地の活性化を考えるときに、人口データや産業データはもちろん、一部地理データなども必要となる。本章では、沖縄市の中心市街地活性化のケースを例にとり、そのデータの利用方法などについて述べたい。

　沖縄市の 2021 年 5 月時点の人口は約 14 万人で、面積は約 49k㎡、65 歳人口は 20.7％、15 歳未満人口は 17.3％となっている。全国平均（0.12）と比べ、若者が多いのがこの町の特徴である。中心市街地は現在の国道沿いに店舗が多く、中心市街地人口は約 2 万人、競合先として、郊外型の大型小売り店舗もある（約 16 万㎡）。同市は 2010（平成 22）年 3 月に中心市街地活性化基本計画が内閣総理大臣認定を受けた。基本コンセプトは「コザらしい生活ができるまち」「商店街から交流街へ」である。アメリカ軍の基地に勤務する人々などを含む地域の顧客をベースとした「音楽喫茶」が多く、少し異国の雰囲気がある。沖縄市の中心市街地活性化基本計画の第 1 期はすでに終了し、第 2 期計画も 2020 年度時点で終了した。

　以下、沖縄市の事例をもとに中心市街地活性化のために何ができるのか、統計データの利用方法などを含めて解説を行いたい。

政策づくりに統計を活かす

第
Ⅰ
部

第
Ⅱ
部

第
Ⅲ
部

2 | 商店街の現況をデータで把握する

　中心市街地の再生に関する分析で重要なのが、商店街の概況について知ることである。主要商店街の店舗数や売り上げ額などを示した経済産業省の商業統計によると、1997年から2014年にかけて、事業所数は1120店舗から246店舗へ減少し、また商業売り上げも416億円から91億円へ減少していることがわかる。

図1　1997年、2007年、2014年の各商店街内の事業所数の推移
[経済産業省　商業統計]*1

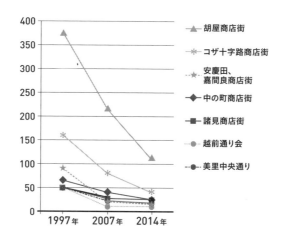

図2　1997年、2007年、2014年の各商店街内の売上額の推移（単位百万円）

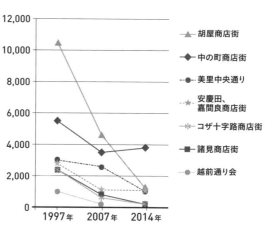

　また、現況の分析には行政などが実施したアンケート調査も参考になる。同市において実施されたアンケート調査では、沖縄市の中心商店街には、4人に1人が買い物等で訪れている。また、利用する理由については、「手ごろな値段」、「自宅との近接性」、「なじみの店」などとなっている。同市が実施したアンケート調査によると、25％がコンビニエンスストアでの買い物、20％がファッション雑貨店での買い物、20％が書籍文具店での買い物を希望と回答している。

　一方で課題もある。それらは、市民は商店街で実施されたイベント等の事業効果をまだ十分に認識しておらず、イベントが回遊性向上に結びついていない点、集客にもあまり結びついていない点、歩行者交通量が増加している地域とそうでない地域がある点、などである。また、どこの地方都市にもある課題だが、①商店主の高齢化（60歳以上の方が多く、後継者がいないケースも多く存在する）、②土地の権利関係が錯綜し、土地利用が固定化されている、などの回答も多かった。

3 ｜ 第1期の中心市街地活性化基本計画で何が変わったのか

　第1期の中心市街地活性化基本計画では、総事業81事業が掲げられ、その中で48事業が内閣府の認定事業、33事業が民間での事業となった。その主な実施内容は、
- ●胡屋地区商店街商業環境整備事業
- ●アーケードの一部改修
- ●情報発信事業
- ●コザ運動公園体育館施設整備事業

などであった。

　数値目標もいくつか掲げられたが、歩行者交通量（休日）については、2009（平成21）年が5964人であったのに対し、2015（平成27）年の目標値は6302人、そして実際の達成値は8440人であった。また、都市の福利施設の利用者は、2009（平成21）年の基準値が90万7457人で

あったのが、2015（平成 27）年の目標値は 102 万 1057 人、実際の値は 121 万 9777 人と、どちらも大きく目標を上回る結果を出している。

しかし、中心市街地の人口は一貫して減少傾向にあり、2009（平成 21）年には 2 万 368 人が中心市街地に居住していたが、現在では 1 万 9299 人となり、微減となっている。

商店等の空き店舗率については 2010（平成 22）年度が 26.1％であったのが、2013（平成 25）年度に大きく下がったものの、2014（平成 26）年度には 26.4％と再び上昇している。

4 │ 新しい中心市街地活性化基本計画とその方向性

2016（平成 28）年度からスタートした活性化事業（第 2 期）の基本コンセプトは「住みたい、訪れたい、魅力あふれるコザのまち」となった。この基本コンセプトをベースに、「コザ文化の魅力を活かしたにぎわいづくり」、「住む人目線で良好な生活ができるまちづくり」などを掲げている。

具体策として、山里区域の市街地再開発事業（商業施設、住宅施設などを配備し、まちなか居住を高める）や、中心部における図書館の移転・建築事業、循環バス事業、沖縄こどもの国整備事業などを掲げた。

▶中心市街地活性化計画の特徴

ところで沖縄市は「国際文化観光都市」をうたっている点に注目したい。沖縄市の中心市街地は全国的な知名度で知られる「ORANGE RANGE」などの著名バンドを生んだ地域であり、「音楽」がモチーフとなっている。また、嘉手納基地に隣接しているために、米軍関係者が特に週末に街に繰り出す。その結果、国際色豊かなまちづくりが形成されている。ただし、観光客などを誘致する土台をすでに有しているが、実際のところ一部シャッター街となっている点が気になる。観光客誘致は結果変数であるので、まずは地元住民などから愛されるまちづくりから始めなければならない。

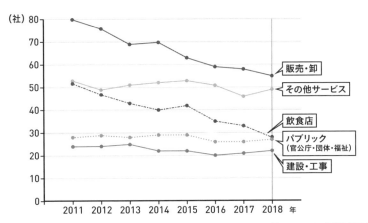

図3　幹線道路330号、329号周辺の卸売・小売業店舗等の推移

● RESAS を用いた現状分析

　続いて、中心市街地自体の既存業態の構成比の変化などについて考察
しよう。近年、地理情報システムが汎用化され、特に人口などのデータ
と空間データが一緒になった RESAS（地域経済分析システム[*2]）の活用が進
んでいる。これを活用してみよう。

　沖縄市には中心市街地区域に数か所の拠点があるが、その中心である
パークアベニューと、国道 330 号と 329 号の交差点地区が商業売り上
げの中心となっている。この両者の小売店舗等の店舗数の推移（過去 5 年
間）のデータを RESAS を用いれば瞬時に把握することができるが、それ
を見たのが**図 3** である。

　図 3 より明らかなように、国道 330 号、329 号の交差する区域の売り
上げ（主に小売業）が 2013 年より急速に減少している。この背景に、**図
4** で示された「郊外の人口集中地域」からの集客が競合大型店（大型小売
店舗）の登場によって奪われた現実がある。

　続いて周辺人口について GIS(Geographic Information System, 略称GIS)
を用いた分析結果を紹介したい[*3]。中心市街地の北東ゾーンが**図 4** で示

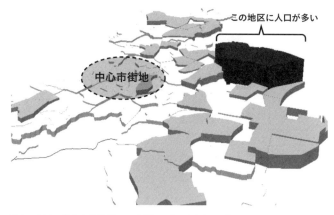

 図4　人口の分布を立体的にみる（GISデータを用いて）

されているが、地域住民を中心顧客とした場合、この地域からの顧客を
いかに引き付けるかが重要な要素となる。**図4**が示すように、中心市街
地に近い部分には人口は多く存在しておらず、郊外部に多いことがわか
る。中心市街地が顧客を集められていない理由の一つに、人口が多い郊
外部の顧客を十分にとらえきれていない実態が指摘されよう。

▶沖縄市のマーケティング例　GISを用いた分析（フリーソフトQ-GIS）

　中心市街地の再生で大事なのは、その地域にどの程度の需要が存在し
ているのかをまず空間的に知ることである。以下、フリーのGISソフト
（地理情報システム）であるQ-GISを用いた分析事例を紹介したい。デー
タも政府統計データをまとめたe-Stat（政府統計の総合窓口、総務省）から地
図データと市町村の町丁目区分ごとの人口データなどが容易に取得でき
るようになった。地図データについては町丁目に区分されたシェープ・
ファイル（Shape File）と呼ばれるものをe-Statから入手する。続いて、同
じe-Statから当該地域の年齢別人口などのデータを格納してあるテキス
ト・ファイルを入手する。最後に、この二つのデータをQ-GISのソフト
上で「結合」させれば、地図データに町丁目別の人口などが反映される。

この結果、簡単に**図5**（若者、高齢者の地区に占める割合）のような図が作成できる。

図5からわかるように、沖縄市の中心市街地（円で囲った部分）は若者人口が少なく、高齢者人口が多い（人口小＝色が薄くなる）点が明確に示されている。沖縄市全体では若者が多いが、中心部では高齢化が進んでいる点が見て取れる。このような色の濃淡でその地域の特徴を示す地理データの分析手法を「コロプレス法」と呼ぶ。この手法の特徴は面的に数値情報を把握できる点である。

▶ 商圏分析

続いて中心市街地や周辺地区にどの程度の人口が存在しているのかについてみてみよう。商圏分析にはこの分野に強いインフォマティクス社のSISというソフトを利用した。

図6に結果が示されているが、中心市街地の主要3か所からの半径1km人口と、半径500m人口を計算したところ、1km圏には8537人か

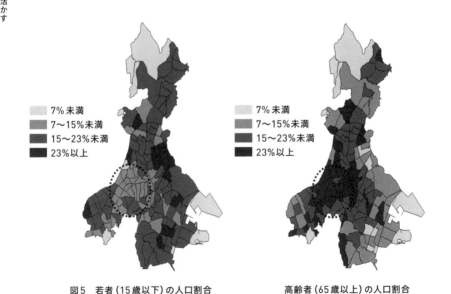

7% 未満
7〜15%未満
15〜23%未満
23%以上

7% 未満
7〜15%未満
15〜23%未満
23%以上

図5　若者（15歳以下）の人口割合　　　　高齢者（65歳以上）の人口割合

図6　1km商圏人口　　　　　　　　　500m商圏人口

ら2万4237人程度、また500m圏には0人（林野地区を含む）から6602
人程度の人口が存在することが分かった。

　一般に、コンビニエンスストアがビジネスとして成立するためには半
径500m圏内で、3000人ほど商圏人口が必要であるといわれており、ま
た、スーパーの場合は5000人から1万人ほどが必要であるといわれて
いる。つまり、この地域で、競合店舗がない場合においては上記のデー
タを参考に新規出店は可能と考えられる。しかし、沖縄市の場合は既に
まちなかには各種スーパーが進出しているため、差別化された新しいビ
ジネス分野での出店の方が出店リスクは低いであろう。

● 統計データから、どのような地域再生戦略を描けばよいのか

　上記のGISなどのデータからは、地理的な側面からの人口分布につい
て知ることができる。人口が集中している地区と消費地とをどのように
リンク付けするのか、また、商圏人口を確認し、飽和状態の業種は何で
あるのかを把握することができる。日本の多くの都市では、人口は減少
傾向にある。よって、今後はインバウンドを含め観光客の獲得を重点的
に、都市経営を行う必要があろう。中心市街地は郊外型の大型小売店舗
との差別化を図り、例えば観光商店街として成功した滋賀県長浜市（街並

第 **13** 章

シャッター通り再生に統計を活かす

みを整備することで周辺から年間 200 万人ほどの商店街観光客を集めている〔1990
年代以降〕）のような、観光まちづくりを目指すのも一案といえよう。

5 │ 統計に基く商圏分析から地域戦略を描く

　本章では、中心市街地地区について地理データの適用事例などを中心
に概説を行った。衰退地域の特徴として地域への「需要」と「供給」が
マッチングしていないケースが多い。

　地元客の獲得については、まずは商圏人口を分析し、「確実に訪問して
くれる層」をいかに探すかが重要である。沖縄市の場合は、GIS データ
などからやや郊外部に人口が多いことが確認できた。商圏範囲を少し大
きくとり、郊外部からも個客を誘引する必要があろう。

　また、沖縄市の場合、中心商店街の売り上げがやや低迷している点か
ら商品・サービス需要が不足している可能性は高い。この場合は、地域
住民以外の顧客である観光客等を呼びよせることが必要といえる。個性
的なイベントの実施や歴史や伝統をバックにしたお祭り等の開催もいっ
そう必要かもしれない。さらに地域の名称を少しずつブランド化させる
こともより一層重要となろう。

＊1　http://www.meti.go.jp/statistics/tyo/syougyo/result-2/h26/index-ricchidata.
　　　htmlを加工して集計。
＊2　RESASのサイトはhttps://resas.go.jp/#/46/46201である。
＊3　インフォマティクス社のSIS (V6.2) を用いた。

参考文献
●足立基浩 (2010)『シャッター通り再生計画』ミネルヴァ書房
●足立基浩 (2021)『新型コロナとまちづくり』晃洋書房
●池上重輔監修 (2019)『インバウンド・ビジネス戦略』日本経済新聞出版社
●鶴野礼子 (2013)『元気な商店街　7つの秘訣』ダイヤモンド社

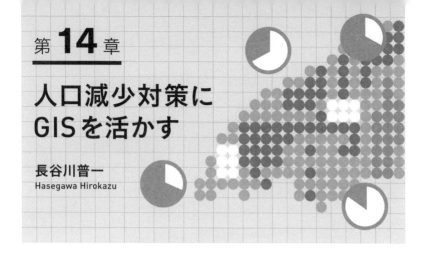

第14章

人口減少対策に GISを活かす

長谷川普一
Hasegawa Hirokazu

1 │ GISによる新たな情報の創出

　国勢調査や経済センサスなどの基幹統計は、居住者や事業者を対象として調査され e-Stat（政府統計の総合窓口）で公開されている。各種統計は全国や自治体の領域で集計され、人口や産業構造などを定量的に明らかにする。しかし、公開されている集計値は利用者にとって必ずしも充分な情報とは言えない。

　例えば、商業施設の新設を計画する場合、建設候補地の周辺人口や他の類似施設を考慮した人口を必要とするが、公的統計からはそのような数値を直接取得できない。ただし、e-Stat が公開する小地域別（町丁目レベル）人口と GIS を用いれば任意の領域で集計を可能とする。GIS は電子地図上での空間処理により異種の情報を連結するからである。さらに、他の施設との地理的競合を考慮した複雑な集計処理も、GIS により平易に計測し得る。

　GIS の活用は統計利用者にとって「木は見えず森だけ見える」状態から「木を見て森も見る」環境を提供する。

　このような公的統計のデータ取得方法を含めた GIS インフラの整備により政策面における活用の拡張が図られてきている。2020 年、総務省は「地域の未来予測に関する検討ワーキンググループ」を設置し、各市町村において「地域の未来予測」を GIS などにより可視化し、多様なス

テークホルダーが「目指す未来像」を議論するよう促した。

2021年に公表された『地域の未来予測に関する検討ワーキンググループ報告書』は各種行政分野における先行事例が紹介されているほか、参考資料では、総務省の e-Stat や国土交通省の国土数値情報などの地理空間情報を入手する方法や無償 GIS ソフトのインストールから基本操作、活用手順が記されている。

本節では、同報告書に取り上げられた活用事例のうち、公共施設の適正配置を主題とした新潟市の事例について紹介する。

2 | 人口減少局面の公共施設適正配置 ―新潟市の事例―

新潟市は平成の大合併により近隣 15 市町村がひとつの自治体となった。合併前の各市町村では独自の政策判断により公共施設整備がされていたため、合併後は多くの類似した公共施設を有する状況となった。市民一人あたりの延床面積は政令指定都市のなかで最も大きい値となり、維持管理費が財政に与える負担も増大した。さらに、今後 100 年タームで継続する人口減少局面を考慮すれば、市町村合併が目的とする「持続可能な都市」の形成には公共施設の適正配置計画策定が急務となっていた。

3 | 小地域別将来人口推計

インフラ整備は行政需要により決せられる。行政需要の代表的指標である人口は地理的に偏在し時間経過のなかで増減する。公共施設の配置は、時空間内における人口動向との整合性が求められる。

図 1 の左上図は e-Stat から取得した 2010 年国勢調査の小地域データを用いて、人口密度が 4000 人 /km² を超える人口集中地区を着色した図である。図中の円グラフは行政区ごとに人口集中地区の占める割合を表している。

その他の地図は、右上から時計回りに 2020 年、2040 年、2060 年の人口集中地区の経年変化予測図である。人口集中地区の変化に用いた小地域別将来推計人口は、行政区ごとに推計した将来人口の変化率が区内で均一に生じると仮定して算出した。2010 年と 2060 年の比較からは、総じて人口集中地区の減少傾向が確認できる。特筆すべき変化は、西側の人口集中地区が 50 年後の 2060 年に消滅している点である。人口集中地区の減少は都市経営への課題提起であり、例えば、人口に応じて整備されたコミュニティ系施設や下水道施設などのインフラは、存続の前提となる行政需要が無くなることを意味しており、過剰供給、あるいは、遊休化が懸念される。

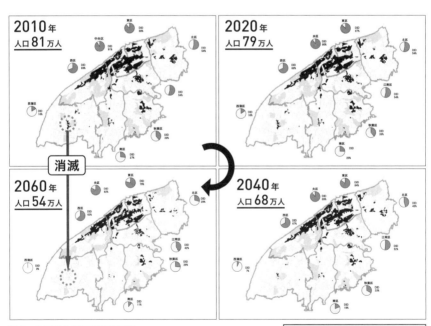

図1　人口集中地区の変化予測

人口密度4,000人以上 人口1,000人以上
人口密度4,000人以上 人口1,000人未満
人口密度4,000人未満 人口1,000人以上
人口密度4,000人未満 人口1,000人未満

4 | コミュニティ系施設を対象とした試行的作業

『新建築学大系 21 巻』(建築学大系編集委員会 1984) は地域施設計画の基礎的概説書である。公共施設は利用主体である地域社会との整合が必要であり、**表 1** に示す「施設機能」と「施設の対象とする生活圏」の要因で分類し適正配置するよう記されている。

新潟市は、この利用者視点の考え方をふまえ、適正配置計画の試行的作業として「住民活動の拠点」となるコミュニティ系施設を対象とする資料作成を行った。作業着手時点では総人口約 80 万人に対してコミュニティ系施設 (公民館やコミュニティセンターなど) は 99 施設があり、総延床面積約 11.7 万㎡、住民一人あたり 0.14㎡ / 人の行政サービスを提供していた。

表 1　施設機能と利用圏域別の配置基準

圏域名称		基礎生活圏	近隣生活圏	地域生活圏	全市
到達時間		徒歩 10分程度	徒歩 20分程度	公共交通利用 30分程度	公共交通利用 1時間以内
施設機能	学校教育	小学校	中学校	高校	
	コミュニティ施設		公民館 コミセン・コミハウス (地域研修センター含む) 農村環境改善センター		中央公民館
	文化・社会教育			図書館	市民会館 博物館 中央図書館
	スポーツ・レク			体育館	
	保健・介護福祉			地域保健福祉センター	総合福祉会館
	行政庁舎			区役所	市役所

出典：新建築学大系編集委員会編『新建築学大系 21』(彰国社、1984) を参考に作成

政策づくりに統計を活かす

第 I 部

第 II 部

第 III 部

5 ｜ 行政サービスの定量的評価

　営利を目的とする民間企業の場合、施設設置の妥当性は収益性の観点から判断される。一方、行政サービスの場合、収益性ではなく公平性が判断基準として用いられる。このため、施設設置の妥当性は、「地域間の公平性」、「世代間の公平性」を基軸として行政サービスを定量的に評価した。定量化は受益者である人口を需要量、施設の延床面積を供給量として、それらの空間的位置関係を GIS により判定し需給の比較により算出した。GIS を用いた作業手順は**図 2** のとおりであり、元データとして総務省統計局が提供する国勢調査の小地域別境界データと公共施設位置情報を用いた。この作業により住民一人あたりの延床面積が計測され小地域別に行政サービスの定量的評価がされた。

　計測された行政サービス量は、公平性という視点から、全市平均延床面積 0.14㎡ / 人を基準として前後 50％の範囲内、0.07 ～ 0.21㎡ / 人であれば「適切」なサービスを提供できていると定義し、それ以上を「過剰」、それ以下を「不十分」として評価した。その結果、「適切」なサービス量を受けている住民は総人口の 42％、「過剰」が 22％、「不十分」が 36％という状況が明らかとなった。

　図 3 は小地域別の評価結果を可視化した地図であり、サービスが市域内で一様ではないことを確認できる。近世以前より湊町として形成された中心市街地では概ね「適切」な行政サービスが受けられているが、その縁辺部の高度成長期以降に開発された新興住宅地が「不十分」な地域としてドーナツ状に分布している。さらに外側の郊外地域では総じて「過剰」なサービスを提供している。このようなサービス量の偏りは、歴史的背景の他、平成の大合併により新潟市となった 15 の旧市町村が一元的に評価され、合併前の各市町村の施設設置基準の異なりが表出したと考えられる。

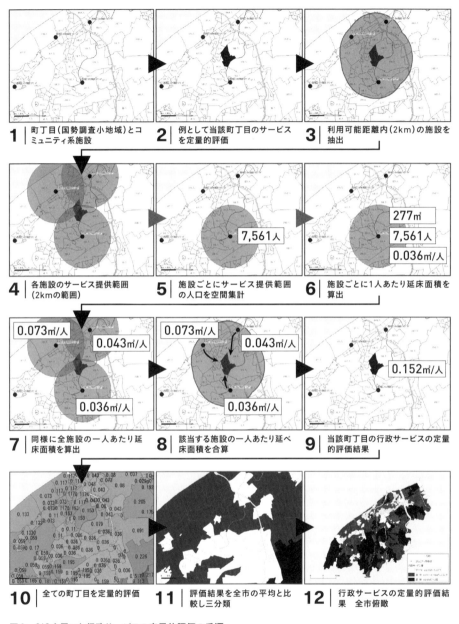

1 | 町丁目（国勢調査小地域）とコミュニティ系施設

2 | 例として当該町丁目のサービスを定量的評価

3 | 利用可能距離内（2km）の施設を抽出

4 | 各施設のサービス提供範囲（2kmの範囲）

5 | 施設ごとにサービス提供範囲の人口を空間集計

6 | 施設ごとに1人あたり延床面積を算出

7 | 同様に全施設の一人あたり延床面積を算出

8 | 該当する施設の一人あたり延べ床面積を合算

9 | 当該町丁目の行政サービスの定量的評価結果

10 | 全ての町丁目を定量的評価

11 | 評価結果を全市の平均と比較し三分類

12 | 行政サービスの定量的評価結果　全市俯瞰

図2　GISを用いた行政サービスの定量的評価の手順

172

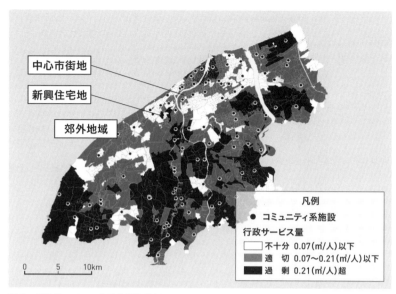

凡例

● コミュニティ系施設

行政サービス量

☐ 不十分 0.07(㎡/人)以下

適 切 0.07〜0.21(㎡/人)以下

過 剰 0.21(㎡/人)超

0　　5　　10km

図3　行政サービスの定量的評価結果

6 ｜ 長期的な公平性を評価軸とした妥当性

　公共施設の耐用年数は概ね50年といわれ、長期にわたり行政サービスを提供し続ける。このため、施設立地の妥当性は、単に現状の公平性を検証するだけでなく将来世代への影響も評価する必要がある。公共施設の適正配置は時空間内で変容する需給状況を考慮しなければならない。

　図4は、その評価作業の概念図であり、今後50年を対象期間として、小地域別の人口（**図4左上**）や施設の耐用年数による変化（**図4右上**）を踏まえて需給状況をシミュレートした結果（**図4下**）である。シミュレーション結果は市内全域500m間隔の計測地点について、サービスが平均以下となる通算期間を表している。色が濃いほどサービスが平均以下となる期間が長く、世代間の公平性を基準とした場合、整備効果が高い地域を示している。

　これらの手法及び評価結果は、報告書『人口減少社会が新潟市へ与える影響とアセットマネジメント』（2009）としてまとめ、新設計画の妥当性などが市議会で議論された。その後も保育、消防、防災、都市計画など広範な行政分野を対象として、地域特性の検出や現実的解決手段の導出を企図し、公的統計、行政情報、GIS を活用している。

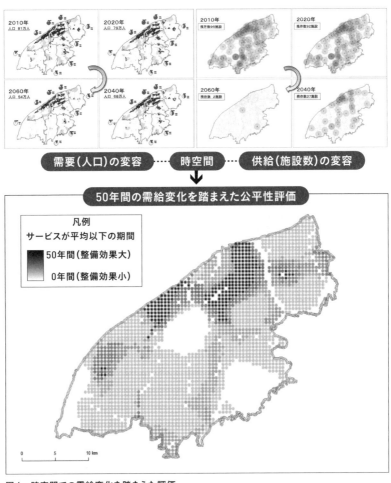

図4　時空間での需給変化を踏まえた評価

政策づくりに統計を活かす

第Ⅰ部

第Ⅱ部

第Ⅲ部

174

7 ┃ まちづくりに公的統計とGISを用いる有益性

人口減少局面における地方都市の課題は、自治体の財政状況や地域の産業構造などにより様々である。さらに都市内部でも地域ごとに課題は異なる。

この点について、国勢調査や経済センサスなどの公的統計からは、小地域別の子細な情報が提供される。その様な公的統計をGIS上で展開し利用することは地域特性を把握するうえで有益である。時間の経過とともに変遷した地域の実情を仮想時空間で明示し、将来像を議論するための基礎資料作成を容易とするからである。

長期継続する人口減少局面では、都市の緩やかな縮退活動の循環が求められる。将来発生する課題を定量的に予見し、中長期的視点に立ったまちづくりについて、住民、議会、行政などの地域を構成する関係者が議論し、現実的解決手段を導き出す必要がある。

参考URL

◉総務省 (2021)「地域の未来予測に関する検討ワーキンググループ報告書 (参考資料)」
https://www.soumu.go.jp/main_content/000749140.pdf (2021年8月1日最終アクセス)
◉新潟市 (2009)「人口減少社会が新潟市に与える影響とアセットマネジメント～コミュニティ系施設の現状とあり方の検討 (1) pilot study～」
https://www.city.niigata.lg.jp/shisei/soshiki/soshikiinfo/toshiseisaku/gis.files/v3_2_110521.pdf (2021年8月1日最終アクセス)

Column

マップによるデータの
「見える化」とQGIS

芦谷恒憲

GIS を使えば、気になるデータの
マップをつくることができる。デジ
タル化した地理空間情報を扱うソフト
ウェアの一つが QGIS である。QGIS
は、無料で利用できる GIS（地理情
報システム Geographic Information
System）ソフトウェアである。

　この QGIS を使って、まちの様子を
あらわすデータを地図に落とし込む。
でき上がった地図から、施設などがど
こにあるか、まちに何が起きているか、
まちの課題解決のためにはどうすれば
よいかなど、まちの課題を「見える化」
することがマップ作成の目的である。

　公的機関が公表しているデータに
は、基盤地図情報（国土交通省国
土 地 理 院 https://www. gsi. go. jp/
kiban/）、国土数値情報（国土交通省
国土情報課 http://nlftp. mlit. go. jp/
ksj/）などがあり、それぞれの機関の
ホームページからデータをダウンロー
ドできる。

　GIS ソフトウェアは分析ツールであ
り、データのマップに関連するデータ
があれば作成できる。課題解決プロ
セスは、課題設定、課題分析、分析
ツールによるマップ作成、比較分析
データによる意思決定、計画実行によ
る課題解決である。

　QGIS が 起 動 す る と、 上 部 に メ

ニューバー、ツールバーのほか、地図の描画領域である地図キャンパスが画面中央にあらわれる。このほか、地図キャンパスに表示されるデータの表示順などを指定するレイヤパネル、縮尺や座標などの情報が表示されるステータスバーがある。

　データ表示は、標高データなど各セルの有無で表わすラスタ形式と、道路、河川など始点と終点を線でつなぐベクター形式があり、利用目的により選ぶ。

　また、GISデータの位置情報については、世界測地系、緯度経度コードなど、位置情報の記述ルールである「測地系」、「座標系」を選んで指定する。これらは計算結果に影響し、同じGISデータにかかわらずデータの表示が異なる場合があるので、確認する。

　マップを作成するに当たり、何の問題や状況を示す図にするか、GISに載せるデータは何を選ぶか、どのようなタイトルのマップにするかを、まず決めてからデータ収集することが、マップ作成のコツである。

（参考）QGISダウンロードURL
https://www.qgis.org/ja/site/forusers/download.html

Column

第15章

地域プロジェクトの
経済効果を測る

芦谷恒憲
Ashiya Tsunenori

　地域では人口減少、少子・高齢化がまだら模様で進行している。生活
の質の向上や雇用の安定を図るには、自立的な生活圏域であり、サービ
スの供給、地域経済循環の基本単位となる「地域経済圏」の持続的発展
が欠かせない。

　地域経済圏の経済構造を一覧表にまとめ、生産波及効果などをみる統
計として地域産業連関表がある。全国の都道府県では地域産業連関表
データをダウンロード可能な形式によりデータ提供をしており、ホーム
ページの分野別検索では、経済統計、経済計算、加工統計などで産業連
関表データが検索可能である。

1 ｜ 地域産業連関表とは

　産業連関表とは、ある特定の地域について、地域内のあらゆる財・サー
ビスの投入と産出を産業別のマトリックスとして整理したもので、投入
産出表（インプット・アウトプット・テーブル）とも呼ばれる。地域産業連関
表は、地域の産業間の取引状況、産業構造の実態を明らかにし、経済の
予測、経済計画の立案、開発や投資等の効果測定など様々な分野で活用
されている。

　各地域で提供されているデータの内訳をみると、産業について、基本
分類（約200部門）、統合中分類（約90部門）、統合大分類（約40部門）につ

いて取引基本表、投入係数表、逆行列係数表、付帯表（雇用表）である。ユーザーの統計相談によると、基本分類は、特定産業部門分析の部門抽出、統合中分類は包括的テーマ分析、統合大分類は主に分析結果の表章に利用されている。

2 | 経済波及効果とは

　ある産業部門の生産物に対する最終需要（投資・消費・移輸出）の変化が、直接かつ間接的ルートを通じて、他の産業部門の生産に影響を及ぼしていくことを「生産波及効果」という。生産波及効果分析では、産業間の因果連鎖に起因する生産波及効果のメカニズムを基に、最終的に各産業部門において誘発される生産額を測定する。その際、測定の道具として使用されるのが「投入係数」と「逆行列係数」である。

　生産波及効果には生産誘発効果と粗付加価値誘発効果がある。このうち、生産誘発効果には、原材料消費による誘発効果と、雇用者所得（賃金・給与等）をはじめとする家計を通じて消費支出される最終需要の増加に伴う誘発効果などがある。さらに波及効果（誘発効果）は、直接効果と間接効果（第1次効果：原材料からの波及、第2次効果：所得・消費からの波及）に分けられる。例えば、ある産業で100億円の生産があった場合、直接効果は100億円の生産そのものであり、間接効果は100億円の生産活動に伴う原材料消費や民間消費支出による誘発効果である。なお、生産波及は、製品から投入構造を通じて原材料へと向かう方向性を持っている。需要の波及効果は計測可能であるが、原油などの原材料の供給制約が、製品の生産にどのような影響を及ぼすのか等、原材料から製品へと至る供給の波及を計測することは困難である。

　生産波及効果分析では、新しく生み出された雇用者所得が、新たに消費需要の増加につながり、再度生産を誘発するに至る過程を対象にし、計算上は次々に効果が波及していき、誘発される生産額が0になるまで分析は可能であるが、実際には、生産波及過程で、波及の中断やタイム

ラグの問題などもあると考えられるので、各事例では、一般的に行われているように、分析の対象を、第 2 次間接効果までに限定する。雇用者所得の外に営業余剰なども、一部、消費や投資に向って新たな需要を喚起するが、その転換比率となる指標に資料上の制約があり、比率が明確か、もしくは推定可能な特別の場合を除いて、概して計算されることはない。各事例でも、計測の対象外としている。

表1　経済波及効果分析ワークシートを用いた事例

事例	内容
産業部門ごとの経済波及効果	産業連関分析の方法を一般化した産業部門ごとの経済波及効果の推計ワークシートを作成した。これにより一定の条件設定のもと、単一部門への最終需要の波及効果の部門別比較をする。
イベント開催による訪問者消費がもたらす経済波及効果	各種イベントの生産分析で、イベントが地域経済にどれだけ貢献するかについて地域経済への影響度を推計する。
企業立地及び設備投資がもたらす経済波及効果	企業が新たに立地した場合の経済波及効果で立地企業及び周辺産業の進出効果を明らかにし地域経済への影響度を推計する。
建設投資（工事種別）がもたらす経済波及効果	公共事業（土木、建築）について「建設部門分析用産業連関表」（国土交通省）を用いて空港、道路、公共施設建設等の建設投資の経済波及効果を推計する。
高齢者福祉施設建設及び運営がもたらす経済波及効果	施設建設の効果と施設開業後の効果を分析することにより事業全体の経済波及効果を推計する。
製造業部門の増産がもたらす経済波及効果	増産計画を立てた場合の県内他部門への影響力の経済波及効果（生産額そのものの変化）を推計する。
輸出増加がもたらす経済波及効果	特定の産業ではなく、最終需要項目の輸出額全体が増加した場合の経済波及効果を推計する。
生産増加が環境にもたらす効果	経済波及によりもたらされた生産部門ごとの生産誘発額にCO_2等の発生係数を乗じることで、環境効果を推計する。※産業連関表による「環境負荷原単位データブック（3EID）」（国立環境研究所）より産業部門ごとのエネルギー消費係数、CO_2等発生係数を推計。
価格変化がもたらす効果	電力料金が上昇した場合の産業部門への価格波及の状況を分析する。価格変化の理論値を計算し、実績値（企業物価指数の変化率等）との差を比較し影響度を測定する。
部門別経済波及が税収にもたらす効果	経済波及によりもたらされた生産誘発額や粗付加価値誘発額に実効税率を乗じて税収額を推計する。
最終需要額の推計	公的統計や業務統計、アンケート調査等による最終需要額の推計や収集（調査票、入力表等）事例を紹介する。

URL:https://web.pref.hyogo.lg.jp/kk11/ac08_2_000000016.html

180

3 │ 地域経済分析における地域産業連関分析の活用

　公共投資など各種プロジェクトは、地域の人々の生活のいろいろな側面に影響を与える。たとえば、新しく橋がかけられて目的地までの到着時間短縮効果など交通の便がよくなる、体育館やホールができて地域の人々が継続的に利用できるようになるプラスの経済効果のほか、イベント開催中の混雑、騒音とか、観光客と地域住民との摩擦とかいったマイナスの経済効果も存在するため、この点も推計が必要である。

　地方自治体では地域計画の策定では、より効率的な行政運営のために地域経済や産業構造の実態、政策ニーズや効果を適切に把握し分析することが求められている。地域圏産業連関表から地域経済圏の域際収支や部門別域内自給率を明らかにすることにより、域外から所得等を獲得する域外需要産業を特定し産業部門ごとの競争力について比較検証する。域外需要産業の地域雇用を吸収している産業や付加価値を生み出し、地域の住民の生活の源泉となっている産業とのかかわりを明らかにすることにより域外需要産業の域外需要拡大の経済効果を試算し、課題を抽出できる。

●事例 1　神戸マラソンの経済効果

　2011 年 11 月から神戸マラソンが開始された。経済効果を推計するため、ランナー向け、観戦者向け、ボランティア向け調査が実施された。1人当たり消費額も増加傾向にある。このデータを用いて神戸マラソンの直接効果である消費支出額を推計した。観光消費支出額は、一人当たり消費額×補正入込み数（実人員ベース）により推計する。観光客の活動には、移動・飲食・買物・宿泊などの経済的な効果が伴う。経済効果を高めるためには、①幅広く裾野が広い産業部門（バランスがとれた貢献）の経済効果を増やすと部門別波及度合いが多い部門に需要を喚起する。②地域内への投資効率が高い部門（地域内自給率が高い）経済効果（持続可能なまちづくりへの貢献）から地産地消度が高い部門を増やす。③スポーツ・健

康分野への新たな分の消費需要の創出（豊かな県民生活への貢献）などから新規需要増加が多い部門へのアプローチが考えられる。

表2　神戸マラソン経済効果推計結果（単位：億円、人）

区分	第1回	第2回	第3回	第4回	第5回
開催日	2011年11月20日	2012年12月25日	2013年11月17日	2014年11月23日	2015年11月15日
参加者	22,958	19,103	20,411	19,380	19,660
沿道観戦者	523,000	557,500	585,500	616,000	612,000
直接効果（県内分）	41.70	40.85	42.74	48.43	48.48
生産誘発額	59.30	63.05	65.92	74.25	74.55
就業者誘発数	627	445	465	534	530
推計実施機関	兵庫県立大学	ひょうご経済研究所	ひょうご経済研究所	ひょうご経済研究所	ひょうご経済研究所

（出所）神戸マラソン実行委員会資料

▶事例2「淡路花博2015花みどりフェア」に伴う経済効果

　淡路花博2015花みどりフェアは、"人と自然の共生のステージ"をテーマに2015（平成27）年3月21日から5月31日までの72日間、淡路島内で開催された。会期中の入場者数は、淡路市、洲本市、南あわじ市の拠点会場及びサテライト会場で計359万1000人であった。「淡路花博2015花みどりフェア」開催期間中の経済効果を推計した。本事業を通じて、関連地域の地域資源に係わる関心が高まった。地域に点在する地域資源を再認識・再発見し、情報発信を継続していくことが、地域の新たな魅力づくりに寄与した。

表3　「淡路花博2015花みどりフェア」経済効果推計結果（単位：億円）

項目	兵庫県内	淡路地域	備考
生産誘発額	303.4	251.3	経済効果（売上額等の合計）
直接効果	198.2	198.2	最終需要額
第一次間接効果	57.1	29.6	原材料等消費から誘発効果
第二次間接効果	48.1	23.5	民間消費支出から誘発効果
付加価値誘発額	168.7	129.1	（売上額－経費等）の合計
名目GDP	190,887	4,226	2013年度
名目GDP比（%）	0.1	5.9	
就業者誘発数	3,338	2,740	個人業主、雇用者等

（資料）地域経済構造分析研究会（2014）「2010年兵庫県・淡路地域産業連関表」

地域経済圏の長期的動向、成長・発展段階を把握するためには、産業連関表を定期的に作成し、経済波及効果の推計を実施し比較分析する必要がある。地域経済圏との産業連関構造や経済波及効果の比較により、当該圏域経済の相対的位置や優位性の把握につながる。地域全体の経済波及効果を高めるためには、経済波及効果が極力幅広い産業に拡がっていくような政策を選択することが重要である。地域産業連関表により、各経済圏における域外需要の獲得、域内経済循環の促進による経済活性化など、政策的取り組みの影響や政策効果についての分析の実施や分析事例の提供ができるようになる。

4 ｜ 地域産業連関表を用いる際の留意点

　産業連関表を用いた分析結果の評価にあたっては留意点がある。まず第1に産業連関分析では需要がすべて満たされると仮定しているが、現実経済では必ずしも部門全てが需要不足ではないため、新規需要の創出とはならない。第2に産業間の取引関係が不変で安定的であると仮定しているが、需要構成が大きく変われば、前提となる構造そのものが変化する。第3に経済波及効果の途中で在庫の取り崩しなどが発生するとこの波及効果が一時的に止まるケースは無視されている。第4に、道路や橋、空港の建設等が企業の生産活動を活発化し、公共投資は地域の生産性を高めるという供給面の効果があるが、この社会資本の生産力効果は考慮されていない。最後に、産業連関表で算出される経済効果は、全ての波及効果が一巡した段階であり、その時間的な経過も考慮しなければいけない。また、公共投資の乗数効果とは全く別の概念であることも留意する必要がある。

参考文献

◉芦谷恒憲 (2007)「地域産業連関表データ提供の現状と課題について」、『産業連関』Vol. 15, No. 3, pp.22-32, 環太平洋産業連関分析学会

◉芦谷恒憲 (2017)「2011年兵庫県市町内産業連関表の作成と分析事例」、『産業連関』Vol. 25, No. 1, pp.14-23, 環太平洋産業連関分析学会

◉芦谷恒憲 (2019)「兵庫県における地域産業連関表の現状と課題」、『産業連関』Vol. 26, No. 1, pp.99-109, 環太平洋産業連関分析学会

◉兵庫県企画県民部統計課 (2020)「平成27年 (2015年) 兵庫県産業連関表 (分析利用編)」

◉神戸大学地域経済統計研究会 (2009・2010)「まちづくりに新発想－小地域統計の活かし方－vol. 1・vol2」、神戸大学経済経営研究所

参考URL

◉兵庫県産業連関分析ワークシート
https://web. pref. hyogo. lg. jp/kk11/ac08_2_000000016. html

◉神戸大学大学院経済学研究科学術交流 (兵庫県)　地域政策統計研究会
http://www. econ. kobe-u. ac. jp/introduction/chiikiseisakutoukeikenkyukai. html

◉兵庫県立大学大学院減災復興政策研究科 地域経済分析ユニット
https://drg-u-hyogo. jp/archives/category/economicassessment

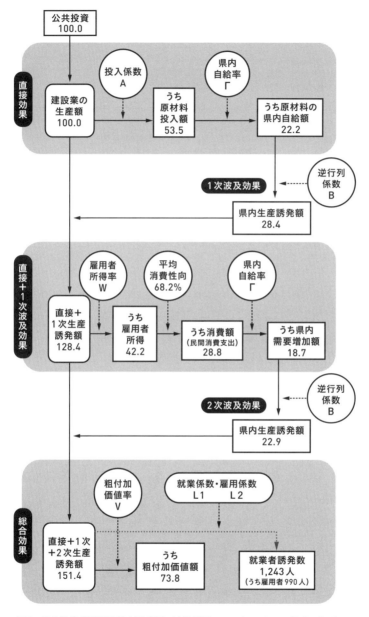

図1　公共投資（建設部門）100億円の波及効果フローチャート　　（単位：億円）

（資料）兵庫県統計課「平成27年（2015年）兵庫県産業連関表」

第16章

ネット上のテキストから
地域の魅力を探る

多田 実
Tada Minoru

1 ｜ DX時代のデータ収集

　コンピュータやインターネットなどのデジタル通信技術を様々な問題解決に活用するとき、IT（アイ・ティー；Information Technology）やICT（アイ・シー・ティー；Information and Communication Technology）といった用語がしばしば用いられてきたが[*1]、近年、そのための機器として、デスクトップやノート型のパソコンに限らず、タブレット端末やスマートフォンなども利用されるようになった。

　また、スマート家電に代表されるように、従来はネットに繋がっていなかったモノがインターネットに接続することによって多様な恩恵が得られるIoT（アイ・オー・ティー；Internet Of Things）と呼ばれる技術も急速に普及しつつある。IoTは、直訳すると「モノのインターネット」になり、身近なモノとしては、スマートフォンを使ってコントロールできるテレビ、スピーカー、洗濯機、エアコンのようなスマート家電の他にも、玄関の扉、窓の施錠といった戸締りチェックや人の動きや行動をチェックする高齢者の安否確認なども含まれる[*2]。

　以上のようなデジタル革命と呼んでも過言ではない現在の状況は、生活を便利にするだけではなく、もちろんビジネスの場にも及んでおり、DX（ディー・エックス；Digital Transformation[*3]）時代という新たなビジネス・キーワードが重要であると様々な業界で叫ばれている。一般的に、DX

推進には、新たな設備投資やスペシャリストの人材獲得や養成が必要で
あると考えられているが、IoT の進展によりますます手放せなくなった
スマートフォンから[*4]人々の興味・関心や行動パターンなどを可視化す
ることが、DX 時代に相応しい、多額のコストもかからないデータ収集
の 1 つと言えるだろう。商品の購入時に得られる多種多様なポイントも
従来のようなカードではなくスマートファンでのアプリが利用されるよ
うになってきており、スマホ決済の普及がそれに拍車をかけ、お財布を
待っていなくても日常生活の大抵のことがスマートファン 1 つで出来て
しまう。

　総務省情報通信政策研究所の調査によると、現在、最もよく利用されて
いる SNS（エス・エヌ・エス；Social Networking Service）は LINE、次に YouTube
という予想どおりの結果が示されているが、本章での目的「ネット上の
テキストから地域の魅力を探る」ために容易に活用できそうな Twitter、
Facebook、Instagram の 3 つに絞り、これらの利用率の推移（2015 ～ 2020
年）と令和 2 年（2020 年）度の年代別と全年代の男女別における利用率
をグラフ化したのが**図1**と**図2**である。この調査報告書には分析結果の
要約が記されており、Facebook の利用は減少傾向にあり、逆に Instagram

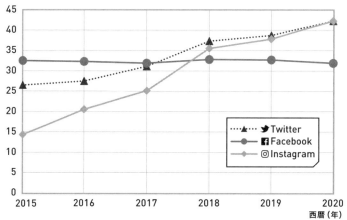

図1　ツイッター、フェイスブック、インスタグラム利用率の推移

（出所）総務省「情報通信政策研究所」よりデータ引用
https://www.soumu.go.jp/main_content/000765135.pdf

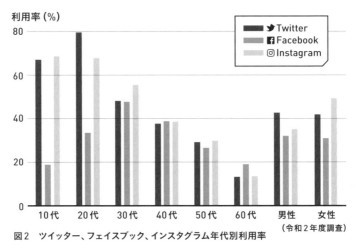

利用率（%）

図2　ツイッター、フェイスブック、インスタグラム年代別利用率
（出所）総務省「情報通信政策研究所」より
https://www. soumu. go. jp/main_content/000765135. pdf

は増加しているとまとめられている。今のご時世に合っているからなの
か、思いのほか Twitter の利用者が多いことに少し驚いたが、その投稿
内容は政治や世の中の動きなど、社会情勢に関わるものが多いように思
われる。また、Twitter は拡散力に強い口コミマーケティング[*5]のツール
としての魅力は感じられ、UGC（User Generated Contents；ユーザー生成コン
テンツ）に使える代表的 SNS の 1 つと言えるが、一般的に投稿内容がス
トックされずどんどん流れてしまう「フロー情報」という特性やそのよ
うな意識を投稿者が持っていることからも、行動観察的なデータ分析が
簡単に実行できる SNS とは言い難いように思われる。

2 ｜ 自治体における Instagram の活用

　スマートフォンがかなり普及してきた 2010 年頃から、SNS をマー
ケティングにおける有用なツールとしてビジネスに活用することは、
Twitter や Facebook での公式アカウントからの投稿を通じてファンを獲

得するプロセスが一般的なアプローチとして行われてきたが、ここ数年、とりわけ若者を対象としたマーケティングを考えるには、やはり「インフルエンサー」や「インスタグラマー[*6]」と呼ばれる非常に影響力のある人がプロ・アマ問わず存在する Instagram を中心に展開していくことが得策であろう[*7]。

　自治体の公式インスタアカウントにおいても地域のブランド力を高め地域活性化などに役立てようとする動きが確認でき、都道府県や市町村の公式インスタアカウントの総数は、Web サイトのデータページ「都道府県市区町村の公式メディア - Instagram（掲載自治体一覧[*8]）」によれば 500 を超えている。しかしながら、リンク切れでアクセスできなかったり、数回の投稿のみで放置されていたりするものもあり、フォロワー数が 1 万人の大台を超えているのは 27 アカウントで約 5％の少数となっている。これらの成功事例と言える公式インスタアカウント（東京都を除く 26 アカウント）すべてにおいて指定ハッシュタグがプロフィール欄などに明記されており（指定タグとして用いられている具体的なハッシュタグの例は、**表 1**

表 1　自治体公式インスタグラム成功事例 10 選

都道府県	自治体名	アカウント名	ハッシュタグ	フォロワー数 （万人）
神奈川県	横浜市	findyouryokohama_japan	#myyokohama	8.4
神奈川県	葉山町	hayama_official	#葉山歩き	3.6
福岡県	福岡市	fukuoka_official	#fukuokapics #fukuokapeople	3.6
兵庫県	兵庫県	love_hyogo	#lovehyogo	3.1
秋田県	秋田県	akitavision	#9月のあきたびじょん2021	2.3
山形県	山形県	pref_yamagata	#真山形フォトコン2021年9月	1.9
宮崎県	宮崎市	miyazaki_city	#miyazaki_colors	1.9
岐阜県	白川村	shirakawa_go	#shirakawagood	1.7
兵庫県	神戸市	my.sweet.kobe	#mysweetkobe	1.7
広島県	広島市	hiroshima_city_official	#ひろしまにあ	1.7

「都道府県市町村の公式メディア - Instagram（掲載自治体一覧）」を基に筆者作成
https://uub. jp/opm/ml_instagram. html

参照*9)、指定タグ付き投稿に対して公式アカウントでの写真掲載やリポスト、賞品付きフォトコンテストや景品がもらえるハッシュタグキャンペーンなどが行われていることから、人気のある自治体インスタグラムには、利用者の心を掴む工夫や努力が見られ、フォロワーとの繋がりを大切していることがうかがい知れる。

3 | 地域活性化のための Instagram データ分析

一般に「インスタ映え」という言葉から、Instagram は写真中心の SNS と思われがちだが、自治体公式インスタの成功事例からも分かるように、ハッシュタグの存在が重要であることは間違いなく、これを写真に付記されているコメントも含めて「テキスト」データと見なして分析することにより、地域の魅力あるモノやコトを明らかにし、地域活性化に役立てる方法について考えていこう。

ハッシュタグに関する分析には、次世代型ニュースリリース配信サービス「NEWSCAST」（https://newscast. jp/）というサイトが非常に便利だ*10。

試しに、フォロワー数が 8 万人を超える横浜市の公式インスタのプロ

図3　#myyokohama で同時に使えるハッシュタグ候補
https://newscast. jp/me/hashtags

フィール欄で示されているハッシュタグ「myyokohama[*11]」を［ハッシュタグツール］に入力してみると、**図3**のような結果が得られた。これは広報担当者が自ら SNS に投稿するとき同時にどのようなタグをつければいいのかを考える重要なヒントになる。さらに、［トレンドツール］で調べたいハッシュタグを入力すると、「SNS トレンド」として1年間のタグ使用頻度の折れ線グラフの他、「曜日トレンド」や「時刻トレンド」では棒グラフでの度数分布図から何曜日の何時頃にそのタグによる投稿をすると良いか知ることができる。特筆すべきは、同じ［トレンドツール］で得られる「同時に使われているタグランキング」で、上の表に示すランキング結果から投稿者の行動パターンや投稿目的が読み取れるので、地域活性化に役立つ有用な資料となるだろう。

　最後に、タグのみならず写真に添えられた文章も加えたテキストデータの分析を行う。1万人超えのフォロワー数を誇る27の自治体公式インスタのうち、都道府県や市ではなく「町・村」が運営しているアカウントが3つあり、それぞれの指定ハッシュタグの投稿を見てみると、成功事例として紹介されることの多い神奈川県葉山町(# 葉山歩き)ではマリンスポーツの記事が、岐阜県白川村(#shirakawagood)では観光名所として有名な白川郷の記事が人気投稿として確認できた。残りの1つ神奈川県寒川町(# さむかわいい)では何気ない日常生活の様子から暮らしの豊かさが感じられ、地域に潜んでいる魅力を探るような分析には良い事例になると考えられる。そのため、「# さむかわいい」の人気投稿に掲載されているインスタ投稿からハッシュタグを含めてテキストデータを集め、Web上で簡単に分析できるユーザーローカル社（https://textmining. userlocal. jp/）のテキストマイニング（text mining[*12]）を実行した結果を**図4**に示す。分析結果「ワードクラウド」ではスコアの高い単語が大きく表示され、「共起ネットワーク」では単語間の関係が図示されている[*13]。

　ここでは、自治体公式インスタアカウントで指定されているハッシュタグを用いた分析を行ったが、必ずしもそれに限定する必要はなく、この分析結果から新たな気になるキーワードが見つかれば、その単語で同

じ分析を何度も繰り返すことによって、地域に潜む魅力が深掘りでき、地域活性化や地域ブランディングの向上に役立てることが期待できる。スマートフォンは今後ますます生活における必需品となることが予想され、地域の「関係者」として、地域に存在するモノやコトの素晴らしさを推奨してくれる「代弁者」になることが期待でき、このような SNS マーケティングは最新のマーケティング手法[14] に基づく注目すべき問題発見解決アプローチと言えるだろう。

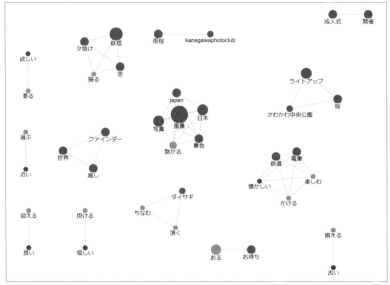

図4　「#さむかわいい」人気投稿のテキストマイニング
（上：ワードクラウド、下：共起ネットワーク）

＊1　教育の現場においても、「IT教育」や「ICT活用」を念頭に置いた授業が今もなお存在する。

＊2　自動運転への応用の他、室内犬や観葉植物など部屋に存在する生物への適用もIoTが管理できる対象として考えられている。

＊3　直訳すると「デジタル変換／転換／変容」。英語圏では「Trans」が「X」と略記されるため「DT」ではなく「DX」と呼ばれる。

＊4　従来は新聞に折り込まれていたチラシは、スマホに特定のアプリを入れてなくてもLINEなどのSNSから入手できるようになり、新たな時代の到来を感じざるを得ない。

＊5　別名「バズ（buzz）マーケティング」、口コミはWOM（Word Of Mouth）とも呼ばれる。

＊6　ブログで影響力のある人は「α（アルファ）ブロガー」と呼ばれていた。

＊7　YouTube（ユーチューブ）やTikTok（ティックトック）も若者マーケティングを考えるには重要なSNSになるが、投稿自体は無料でできるとはいえ、制作にかかる予算や演出方法などにおいてかなり敷居が高いように思われる。

＊8　「都道府県市区町村 - データと雑学で学ぼう遊ぼう」https://uub. jp/

＊9　秋田県と山形県は2021年9月限定ハッシュタグ、フォロワー数は2021年8月末時点での値で単位は万人。

＊10　メディアにプレスリリースを送るだけの従来型の広報ではなく、SNSを使って消費者に直接ニュースを届けることができる次世代型の広報「D2C（Direct to Consumer）」を支援する。

＊11　ハッシュタグを入力するとき「#」を外さないと「通信に失敗しました」とのエラーになるので要注意（「#myyokohama」ではなく「myyokohama」と入力）。なお、ハッシュタグツールの利用にはメールアドレスの登録が必要。

＊12　数値データから「お宝情報を掘り当てる」データマイニングと同様、文字データの場合「テキストマイニング」と呼ばれる。

＊13　ユーザーローカル社のテキストマイニングでは、他にも「単語出現回数」（数値データ）のダウンロードが可能で、「二次元マップ」や「階層的クラスタリング」といった興味深いテキストデータの分析もWeb上で簡単に実行できる。

＊14　コトラーが提唱するマーケティング4.0「5A：推奨者志向」におけるアドボケイツ（Advocates）の重要性。

参考文献

◉石田・金（2012）『コーパスとテキストマイニング』共立出版

◉コトラー・カルタジャヤ・セティアワン（2017）『マーケティング4.0―スマートフォン時代の究極法則』朝日新聞社

Column

統計データを活用したまちづくりの現場から

芦谷恒憲

寺田池は兵庫県のJR東加古川駅北東約1kmにあり、面積約2ha（甲子園球場の約1.4倍）である。寺田池周辺にある明神の森は、都市化する加古川市平岡地域の中で身近に自然と親しめ、広々とした風景によって心安らぐ憩いの場所となっている。寺田池は、加古川市の「わがまち60選」（寺田池・明神の森）などに選ばれた。寺田池のほか、いなみ野台地に点在するため池を囲む地域では、その自然や文化に着目し、ため池に関心を持つ人たちによるまちづくりが行われている。地域の輪を広げ、ため池を核としたネットワークへの参加の輪を広げるため、交流イベントが各地域で行われている。

加古川市まちづくり懇談会平岡会場実行委員会（1998年）は、新たなまちづくりの展開に向けて、現地調査、住民調査、有識者ヒアリング調査を実施した。その内容は、明神の森等利用者の実態調査、東加古川住宅町内会の意識調査で、ヒアリング調査は平岡北連合会町内会長、東加古川住宅町内会長、新在家町内会長、兵庫大学、神戸新聞情報科学研究所（当時）を対象に実施した。

これらの調査では、イベント参加への関心度は比較的高かったことから、環境維持活動実践のための交流拠点づくりなどが調査をもとに提案された。地域の関心のある人に参加を呼びかけ、それぞれの関心に合わせてきっかけをつくり、そこから専門家を発掘し、まちづくりネットワークを広げる趣旨である。地域の環境をテーマとしたふれあいイベント等に4割近くの人が参加したいとの意向がある一方、半数近くがわからないなど態度を決めていないため、ネットワーク組織を核とし、環境問題を地域にPRすることにより、まちづくりへの関心の輪を広げることが提案された。

これらのデータをもとに地域の人々がワークショップで議論し、コンセンサスを得た青写真が示された。これらのデータや出た意見により、寺田池整

備計画づくりに住民が参画したという意識が芽生え、この後の地域まちづくりネットワークの原動力になった。

　ネットワークづくりの活動の中で、まちづくりのパートナーを発掘し、地域への帰属意識醸成のため、まちづくりへの主体的参加を促すしかけづくりを行うネットワーク組織の設立が提案された。

　ネットワークを広げる交流イベントでは、地域で環境に関心を持つ人たちにまちづくりへの参加の輪を広げるため、交流イベントなどを企画、実施し、きっかけづくりを行っている。環境問題への参加意識を高めるためには、楽しいこと、興味があること、趣味と実益を兼ねられることなどがポイントである。これらの調査や話し合いを通じて、地域に住む人が地域を見詰め直すことにより、普段何気なしに見過ごしてきたまちの美しさや醜さがあらためて発見でき、「地域の自然を守ろう」などの具体的な問題意識を持って地域を見ることで、地域への関心や愛着心がさらに深まった。

　このネットワークは、寺田池を所有・管理する町内会、水利組合の呼びかけに、平岡北小学校区の町内会、PTA、兵庫大学、県立農業高校などが加わり、さらには寺田池に関心を持って取り組み進めていた「まちづくり懇談会」のメンバーが加わって2003年に発足した。ため池の保全活動を行う寺田池協議会とも協力しながら、環境保全活動やため池に親しむイベントなどに取り組んでいる。ため池の関係者でなくても、寺田池に関心のある人が自由に出入りするゆるやかな連携組織として運営している。さわやかウォーキングなど季節に合わせたイベントを開催し、寺田池を核としたゆるやかなネットワーク（平岡・寺田池を語る会）により、まちづくりの輪が広がった。2006年度から堤体改修工事に着手し、2009年2月に完成した。同年11月にスポーツ大会が行われ、多くの市民が整備された周回道路約1.5kmを歩いた。2010年3月、農林水産省が募集した「ため池百選」に寺田池が選ばれた。寺田池を始めとするため池が地域の誇りとなり、すばらしい自然環境を地域の皆で守り育てていく取り組みが続いている。

「寺田池協議会」ホームページURL
https://teradaike.com/

Column

おわりに

　インターネットから多種多様なデータが入手可能な世の中における現代版「読み・書き・そろばん」は、統計データの［読み・書き・分析活用］能力といった「統計リテラシー」ではないだろうか。今日のデジタル社会は、データの容易な［読み（収集）］を可能にし、目的や用途によって使い分けられるアプリケーションソフトの豊富なラインナップにより見栄えの良い［書き（表現）］も簡単になった。しかしながら、「統計リテラシー」3番目の能力［分析活用］については、入手したデータの［読み］と［書き］の段階でかなり満足して終わってしまい、ビジネス現場での戦略策定やまちづくりに関わる政策立案などに十分に活かしきれていない状況が少なくないように思われる。

　本書の内容は、統計学に関わるデータ分析の方法やアプリケーションソフトの使い方などに関する取扱説明書のようなものではない。まちづくりに関する統計学的問題解決アプローチを実践・活用するために必要な知識（ナレッジ）や知恵（ノウハウ）が集められている。「はじめに手法ありき」ではなく、統計的問題解決アプローチの具体的な場面が章ごとに設定されていて、使える統計手法がそれぞれ何なのか解るように工夫して編集されているので、［分析活用］まで視野に入れた「統計リテラシー」をケーススタディー的に学ぶことができるだろう。

　一般的に、勘と経験（K & K）は、「エビデンス・ベーストな（証拠に基づく）」意思決定を行う文脈においてネガティブに語られることが多いように思われるが、説得力のある提案には、勘や経験を活かして適材適所的に選定された統計学的問題解決アプローチが必要であると考えられ、本書はそのような観点で、あらかじめ身につけておきたい統計の手法や概念が網羅的に示されている。そこには、理系的な素養や高度な数学知識よりも、用いるべき手法や解決アプローチ方法を見極めるセンス、現場と深く関わり最終的な意思決定につなげる行動力のようなものが重要であるとの前提が存在している。

　以上のような執筆の方針から、本書では、「統計リテラシー」のセンスを磨くような基礎的な内容が吟味されており、そのために必要な汎用的ソフトや分析システムなどについて解説しているが、次のステップとして、より応用的な分

析アプローチに挑戦したいとき、どのようにすれば良いのか、そのヒントになるような話題を最後に紹介しておくので、今後の発展的学習のヒントにしていただきたい。

　元々、統計学は集めたデータの性質や傾向などを明らかにする「記述統計学」と呼ばれる方法論が基本であると言えるが、ある種の数理モデルとして考えるときに応用数学的な領域まで踏み込む「数理統計学」、近年、経済学の分野でも定番の1つとなっているパネルデータの分析が含まれる「計量経済学」、ビッグデータの台頭とともに頻繁に登場するようになったAIやデータサイエンスの機械学習では「ベイズ統計学」などが応用的な問題解決に役立つ学問として挙げられる。また、ビジネスの世界では「データドリブンマーケティング」と呼ばれる、消費者の行動パターンを解明することに主眼を置いたデータ分析アプローチも注目されている。

　具体的な手法として、データサイエンティストと称される人たちが用いるような高度な分析手法を駆使するにはかなりの数学的知識が要求されることが容易に想像できるが、本書で紹介している基本的な手法をもう少しレベルアップしたいのならば「多変量解析」の適用をお薦めしたい。この場合も、本書の執筆方針と同様、手法から学ぶのではなく、「グーグルスカラー（https://scholar.google.co.jp）」で検索して得られる研究論文などから成功事例を見つけ出し、その研究において用いられている統計手法を学んでいくと、使える統計手法と効率的に出会うことが期待できる。ちなみに、筆者の勤務先である社会科学系（文系）の大学院の授業で、受講生が興味のある研究テーマで多変量解析を分析手法として適用している論文を検索したところ、数多くヒットした多変量解析の具体的な手法は、コレスポンデンス分析、ロジスティック回帰分析、因子分析、主成分分析、クラスター分析だった[1]。

　本書で紹介されている諸々の事柄が、まちづくりの現場で、本当に使える、政策立案などの意思決定につながる「統計リテラシー」能力獲得の一助になれば幸いである。

多田 実

＊1 これらの多変量解析手法を実行できる統計ソフトは「SPSS（エスピーエスエス）」、「STATA（スタータ／ステータ）」、「SAS（サス）」、「R（アール）」、「Python（パイソン）」などが代表的である。

編著者

宇都宮浄人（うつのみや　きよひと）
関西大学経済学部教授
京都大学経済学部卒業。京都大学博士（経済学）。著書に『地域公共交通の統合的政策』（東洋経済新報社、2020年、国際交通安全学会賞・日本交通学会賞受賞）、『地域再生の戦略』（筑摩書房、2015年、交通図書賞受賞）など。

多田 実（ただ　みのる）
同志社大学政策学部教授
大阪大学大学院工学研究科博士課程単位取得、京都大学博士（工学）。専門は経営科学。著書に『Excelで学ぶ経営科学』（共著、オーム社、2003年）、『文系のための理系的問題解決』（単著、オーム社、2008年）など。

著者

芦谷恒憲（あしや　つねのり）
兵庫県企画県民部ビジョン局統計課参事・ビジョン課参事、兵庫県立大学産学連携・研究連携機構特任教授、（公財）ひょうご震災記念21世紀研究推進機構特別研究員
関西学院大学経済学部卒業。論文に「2011年兵庫県産業連関表の作成と分析利用」（関西学院大学『産研論集』第45号、2018年）、「小地域統計の意義と課題」（神戸大学『国民経済雑誌』第201巻第1号、2010年）などがある。2020年度大内賞受賞。

髙橋愛典（たかはし　よしのり）
近畿大学経営学部教授
早稲田大学大学院商学研究科博士後期課程単位取得退学、博士（商学）。主著に『地域交通政策の新展開』（白桃書房、2006年）、『地方公共交通の維持と活性化』（共著、成山堂書店、2020年）など。

大内秀二郎（おおうち　しゅうじろう）
近畿大学経営学部教授
京都大学大学院経済学研究科博士後期課程学修認定。博士（経済学）。専門は流通・マーケティング史。著書に『デジタル社会のマーケティング』（共編著、中央経済社、2019年）、『マーケティング学説史：アメリカ編Ⅱ』（共著、同文舘出版、2019年）など。

曽田英夫（そだ　ひでお）
交通リスク・鉄道運輸史研究家
関西学院大学経済学部卒業、鉄道史学会会員。主著に「自動車損害賠償保険の創設経緯」『損害保険研究』（財団法人損害保険事業総合研究所、1994年）、『発掘！明治初頭の列車時刻』（交通新聞社、2016年）等がある。

大井達雄（おおい　たつお）
立正大学データサイエンス学部教授
立命館大学大学院経営学研究科博士後期課程修了、博士（経営学）。主な業績として「ジニ係数の差の要因分解手法を使用した宿泊需要の季節変動分析」（『立正大学データサイエンス研究』創刊号、2022年）、「小地域統計を利用したインバウンド観光の季節変動分析」（和歌山大学観光学会『観光学』第22号、2020年）などがある。

足立基浩（あだち　もとひろ）
和歌山大学経済学部教授、㈱紀陽銀行社外取締役
ケンブリッジ大学土地経済学研究科、Ph.D取得（2001年）。主著に『シャッター通り再生計画』（ミネルヴァ書房、2010年）、『イギリスに学ぶ商店街再生計画』（ミネルヴァ書房、2014年）、『新型コロナとまちづくり』（晃洋書房、2021年）がある。

長谷川普一（はせがわ　ひろかず）
新潟市都市政策部GISセンター
新潟大学理学部卒業後、新潟市へ奉職。都市計画部、財務部などを経て2011年より現職。主要論文に「人口減少局面の土地利用政策」（『人口問題研究』第77巻、国立社会保障・人口問題研究所、2021年）がある。

まちづくりの統計学
政策づくりのためのデータの見方・使い方

2022年2月10日　第1版第1刷発行
2023年4月20日　第1版第4刷発行

編著者	宇都宮浄人・多田 実
著者	芦谷恒憲・髙橋愛典・大内秀二郎・
	曽田英夫・大井達雄・足立基浩・
	長谷川普一

発行者	井口夏実
発行所	株式会社学芸出版社
	京都市下京区木津屋橋通西洞院東入
	電話 075-343-0811 〒600-8216
	http://www.gakugei-pub.jp/
	info@gakugei-pub.jp
編集担当	岩崎健一郎

装丁・本文デザイン	金子英夫(テンテツキ)
印刷	イチダ写真製版
製本	新生製本